JN439052

구름은 좋겠다

국립중앙도서관 출판예정도서목록(CIP)

구름은 좋겠다 : 이춘희 에세이 / 지은이: 이춘희. — 서울
: 선우미디어, 2015
p. ; cm
ISBN 978-89-5658-419-5 03810 : ₩12000
한국 현대 수필[韓國現代隨筆]
814.7-KDC6
895.745-DDC23 CIP2015033825

구름은 좋겠다

1판 1쇄 발행 | 2015년 12월 15일
지은이 | 이춘희
발행인 | 이선우
펴낸곳 | 도서출판 선우미디어
등록 | 1997. 8. 7 제305-2014-000020
130-100 서울시 동대문구 장한로12길 40, 101동 203호
☎ 2272-3351, 3352 팩스: 2272-5540
sunwoome@hanmail.net

값 12,000원

※ 잘못된 책은 바꿔 드립니다.
※ 저자와의 협의하여 인지 생략합니다.
※ 이 도서의 국립중앙도서관 출판시도서목록(CIP)은 서지정보유통지원시스템 홈페이지(http://seoji.nl.go.kr)와 국가자료공동목록시스템(http://www.nl.go.kr/kolisnet)에서 이용하실 수 있습니다. (CIP제어번호:2015033825)

ISBN 978-89-5658-419-5 03810
ISBN 978-89-5658-420-1 05810(EPUB)
ISBN 978-89-5658-421-8 05810(PDF)

이춘희 에세이

구름은 좋겠다

선우미디어

책머리에

부끄럽다.

글을 쓴다는 것은 늘 거울 앞에 서는 일이어서 부족한 자신을 드러내는 것이 민망했다.

문향이 스며있는 작품 한 편 없이, 대표작이라고 당당하게 내놓을 수 있는 글도 없이 책을 엮는다는 것이 망설여졌다. 변변치 않은 글로 내 곁에 있는 사람이나 나를 스쳐간 사람들 마음을 상하게 하거나 누를 끼치게 되는 것은 아닌지 걱정스럽기도 했다.

사십이 넘어, 여고시절 글 주변을 잠시 서성거렸던 기억 하나에 매달려 겁도 없이 수필의 문을 두드렸다. 특별할 것도 없는 사람의 마음의 궤적을 돌아보고, 부끄러워하면서도 지워버리고 싶지 않았던 것은 훗날 내 아이들이 제 어미가 그리워지면 이 흔적들이 조금쯤은 위로가 되지 않을까 싶어서였다. 생각이 반듯한 훌륭한 엄마이고 싶었다. 아니다. 반짝이는 재능을 가진 멋진 엄마로 기억되고 싶었다. 그러나 솔직한 엄마로 남는 것만이 나의 최선이었다.

문단에 들어와서도 많이 흔들렸다. 부족한 재능에 절망하여 돌아서고, 모난 돌 같은 자신에게 화가 나서 주저앉고 그래도 미련이 남아 망설이며 다시 다가갔다. 이렇게 흔들리며 보낸 시간이 이십 년이다. 글 마당에서 성인식을 치르는 심정으로, 지난 이십 년을 돌아보며 이제는 좀 더 성숙해진 글을 쓰리라 자신에게 다짐하는 마음으로 주변의 응원을 지렛대 삼아 용기를 냈다.

"글은 곧 그 사람이며 수필을 쓴다는 것은 마음을 닦는 일"이라 일러주신 산영재 선생님. 선생님의 이끌어주심, 그 질책과 격려는 아무리 고개를 숙여도 모자란다.

한국일보에서 함께 공부하며 서로에게 버팀목이 되어주었던 문우들 그리고 따뜻한 마음과 관심을 보내주시는 산영회 회원님들과 문단의 선후배님들께 감사드린다. 특히 땀과 고뇌로 만든 귀한 사진들을 흔쾌히 내어준 친구 한향순과 선우미디어에 고마움을 전한다. 나의 소중한 동생 선자도 빼놓을 수 없다.

힘들었던 날들을 잘 버텨주었던 남편과 든든한 두 아들 준우와 준일, 고운 두 며느리 주영, 선영, 나의 보물인 소연, 하연, 도하에게 사랑을 보낸다.

영원한 나의 고향인 어머니에게 이 책을 바친다.

2015년 12월

저자 이 춘 희

| 차례 |

Chapter 2

상실의 무늬

Chapter 3

사람과 사람의 거리

Chapter 4

모조품

Chapter 5

기도

Chapter 1

그늘과 양지

그동안 내가 누려 왔던 세상의 밝음과 따스함에 새삼 고마움을 느끼곤 한다. 조금만 둘러보면 도처에 우리의 의지로는 어찌할 수 없는, 타고난 환경이나 주어진 조건 때문에 고달프게 사는 사람들이 너무나 많다. 그러나 나는 언제나 바라보기만 할 뿐 아무것도 해 주지 못한다.

구름과 연기

겨울로 접어들면서 우연히 바라보기 시작한 연기가 요즈음 아침마다 제법 쏠쏠한 재미를 주고 있다.

가까이에 세워진 두 개의 굴뚝에서 나온 연기가 어느 지점에서 하나로 뭉치기도 하고 또 서로 다른 각도로 흩어지면서 여러 형태를 빚어내는 것이다. 어느 날은 한 마리의 양이 되는가 하면 머리를 길게 늘어뜨린 여인네가 되기도 한다. 때로는 하늘을 향해 두 손을 마구 흔드는 것이 긴 이별을 연출하는 것 같기도 하다.

연기가 무엇인가. 무거운 것은 재로 남고 가벼워 공중으로 날아오르는, 온전히 태워 버리지 못한 고체, 액체 상태의 미립자가 아닌가. 연기는 태워서 무로 돌아가는 것을 이루지 못한 것들이 펼치는 마지막 춤사위이며 불길의 후일담이다. 아니 구름을 향한 구애의 몸짓이다. 몸으로 불길을 만들고 영혼으로 그리는 그림인지도 모른다. 연기가 구름을 닮아 보이는 것은 어쩌면 당연한 일이 아닌가. 이제 곧 몸담게 될 구름을 한 번쯤 미리 연출해 보고 싶지는 않을까.

연기를 보면 자연스레 생의 후반부를 생각하게 된다. 활활 태워야 할 열정이 이미 소진되어 버린 나이. 온전히 태워 버리지 못한 삶의 찌꺼기를 모아 세상을 향해 마지막 깃발을 흔들고 있는 나이. 산다는 것은 결국 농담처럼 헛헛하고 깃털처럼 가벼워지기 위한 한바탕 불꽃놀이란 말인가.

활활 타오르는 불길 하나 제대로 만들어 본 적이 있었던가. 돌아보면 더러 파란 불꽃처럼 치열했던 순간들이 어찌 없었겠는가. 그러나 헛된 욕심이나 무모한 욕망으로 인해 무릎 언저리를 맴돌며 매운 눈물 흘리게 하는 검은 연기만 뿜어내고 있었는지도 모르겠다.

겨우내 연기가 빚어내는 작품을 바라보며 삶이 비록 부질없는 불꽃놀이라 할지라도 하얀 구름 같은 수필 한 편을 얻을 수만 있다면 아낌없이 타오를 수 있겠다는 허황한 욕심의 불씨를 지피고 있다.

(2014)

마지막 무대

그는 타고난 춤꾼이었다. 나뭇가지를 빠져나온 은은한 조명에 방사형으로 펼쳐진 그물 무대. 가로 세로 그다지 촘촘하지는 않지만 끈끈이를 적당히 섞어 놓은 그물 형태의 광섬유가 그의 무대였다. 바람의 결이라도 감지했던가. 마지막으로 파르르 떨듯 나부끼던 날개가 한 장의 꽃잎인 양 살포시 포개졌다.

가을의 길목에서 늦여름의 햇살이 자글거리던 날이었다. 어머니를 모시고 기차를 탔다. 얼마만의 기차 여행인가. 예나 다름없이 철로 변에는 키 큰 코스모스가 정다운 친구처럼 우리를 맞았다. 역사를 지키고 있는 맨드라미 채송화 분꽃 같은 화초들은 문득 오래 전에 떠나 온 고향 집을 떠올리게 했다.

역사를 나와 나무 그늘을 찾아 벤치에 앉았다. 명절이라 가족

나들이가 많았다. 우리 옆에는 젊은 부부가 자리를 지켜 가며 아이와 교대로 배드민턴을 하느라 연방 웃음을 터트렸다. 우리도 과일을 꺼내 들고 웃음소리를 따라 고개를 돌려 가며 느긋한 시간을 보내는 중이었다.

그때 내 눈을 사로잡는 것이 있었다. 화려한 날개를 펄럭이며 우리 쪽으로 날아오는 나비 한 마리였다. 유난히 날개가 크고 화려해 나비라기보다는 한 마리 새를 보는 듯했다. 크기 탓인지 날갯짓도 우아한 춤사위를 펼치는 듯했다. 그런데 나비는 관객을 의식하기라도 한 듯 날아가지 않고 한 자리에 멈추어 있는 게 아닌가. 한참을 바라본 후에야 무언가 잘못된 것을 눈치 챌 정도로 나비의 날갯짓이 마치 리듬을 타는 듯했다. 우리가 앉은 자리에서는 거의 일직선상이고 또 해를 바라보는 방향이라 거미줄이 나무 사이에 쳐져 있는 것을 몰랐던 것이다.

나비가 거미줄에 걸린 것을 알고 나서 제일 먼저 든 생각은 날려 보내주는 것이었다. 그대로 죽게 버려두기에는 나비가 너무나 아름다웠다. 나뿐 아니라 나비를 쳐다보던 다른 사람들도 같은 생각을 했던 것 같다. 누군가의 말처럼 아름다움은 권력인지도 모르겠다. 아름다움은 동정심을 유발시킬 수 있는 힘을 주는 모양이다. 그러나 그곳을 지나치던 사람의 명쾌한 논리에 의해 자연의 순리에 맡기는 것으로 결론이 내려졌다. 거미의 생존도 무시되어서는 안 된다는 것이었다.

시간이 지나면서 나비의 날갯짓이 처음 같지 않았다. 피해 갈 수 없는 죽음을 감지한 듯 부드럽고 우아하던 날갯짓이 점차 빨라졌다. 절망적으로 바뀌었다고 할까, 그렇게 파들거리기를 한참 하더니 잠시 후 움직임이 뚝 끊어졌다. 이제 날갯짓이 자유를 가져다 줄 수 없다는 것을 알았을까. 아니면 생을 포기하고 싶도록 지친 것일까. 그런데 제법 시간이 흘렀는데도 거미줄의 주인은 도무지 보이지 않았다. 혹 버려진 거미줄인지도 모른다는 생각이 들 정도였다.

나비의 날갯짓에 이렇게 열중하면서 나도 모르는 사이에 서서히 나비 속으로 빠져 들어갔다. 어미가 떨어뜨린 여린 나뭇잎에서 한 알의 생명체로 시작하여 나뭇잎을 어미의 품인 양 의지하며 애벌레로 보낸 나날. 부지런히 몸집을 키우고 거듭된 탈피의 아픔을 견뎌 내며 번데기에서 온전한 나비의 몸으로 우화하기까지 지난했던 날들이 그려진다.

그러나 날개를 펼치고 하늘로 날아오르던 순간을 어찌 잊을 수 있겠는가. 비상의 환희. 날개는 자유와 함께 선택의 특권까지 준다. 매혹적인 향내와 눈부신 색깔로 자신을 드러내는 꽃들을 배회하며 풍요로움에 익숙해졌으리라. 그러나 꽃에서 꽃으로 날아다니는 것은 단순한 생활의 몸짓에 불과하다. 겹눈과 더듬이가 이끄는 대로 날개를 펄럭이는 것은 본능일 뿐이다. 자유를 상실하고 생명이 경각에 달린 것을 알아차린 순간 날갯짓에 혼신의 힘을 실을 수밖에 없지 않겠는가. 날갯짓에 영혼이 담기는 것이다. 생활이 예술로 승화하는 순간이다. 날갯짓에 애절한 절규가 있어 거미가 차마 다가오지 못하고 있다고 믿고 싶었다.

시간이 얼마나 흘렀을까. 나비의 날개가 열 배나 커 보일 정도로 자그마한 거미 한 마리가 모습을 드러낸다. 조금도 서두르는 기색이 없다. 서서히 나비에게 다가가더니 거미는 모습을 감춘다. 나비의 몸쪽 어딘가를 공격하기 시작했는지 나비가 발작적으로 날개를 파닥거린다. 몇 차례의 애절한 동작과 멈춤에 영혼을 담는 것은 나비인가 아니면 나의 마음인가. 마침내 나비의 날개가 포개진다. 공연이 끝났다. 그런데 이 공연의 결미는 거미가 더욱 극적으로 만든다. 나비로부터 떨어져 나온 거미는 제 몸에서 실을 뽑아 나비를 꽁꽁 묶는 것이 아닌가. 나비를 번데기로 돌려보내는 것이다. 이제 나비는 거미로 인해 자신의 원형으로 돌아가는 것이다.

나는 늘 비상을 꿈꾼다. 옳고 그름을 규정하고 미움과 고움을 가르는 내 생각의 틀에서 벗어나 훨훨 날고 싶다. 나를 속박하는 자의식과 아집에서 탈출하기를 열망한다. 어쩌면 나비의 날갯짓에 부질없는 나의 소망을 실어 보았는지도 모른다. 진솔한 마음조차 제대로 담아낼 길 없는 내 글쓰기를 대신해 나비의 마지막 날갯짓을 예술로 승화시키는 억지를 부리고 있는 것일까.

집으로 돌아오는 내내 아니 그 후로도 오랫동안 나비의 날갯짓에서 마음을 떨칠 수 없었다.

(2008.)

수제비와 오백 원

누구에게 자랑스레 펼쳐 보일 수는 없지만 가슴이 아릿해지는 기억이 있다. 사는 형편이 나보다 어려운 사람 앞에서 내가 교만해지려 하거나 일에 대한 부담감 때문에 마음이 버거워질 때면 조심스레 꺼내 보곤 하는 동전 하나, 오백 원에 얽힌 일이다.

그 오백 원을 며칠 전 다시 보아야 했다. 친구의 생일이라 전에 몇 번 와 본 적이 있는 비교적 조용한 음식점에서 만나기로 했다. 그러나 주차장 입구에 도착하자 그날따라 건장한 청년들이 우르르 뛰어나와 나를 어리둥절하게 만들었다. 식당 손님들의 편의를 위해 주차를 대행해 주는 사람들이었다. 요즈음 취업이 힘들다는 말을 자주 들어왔지만 차 한 대에 그렇게 많은 사람이 뛰어나오다니 새삼 심각한 취업난과 불경기라는 말이 실감났다. 대리운전이나 주차 대행이 이제는 조금도 낯선 풍경이 아니다. 그런데 건장한 청년들이 필사적으로 뛰는 모습에서 치열한 생존경쟁의 현장을 보는 듯했다.

나는 웬만하면 직접 주차를 한다. 자동차를 생필품처럼 의존하고 있는 나로서는 차를 다른 사람에게 맡기는 것도 내키지 않지만 팁이라는 명분의 돈은 쓸데없는 지출로 여겨지는 탓이다. 내가 직접 주차를 하고 입구에 열쇠를 맡겼다. 오랜만에 추억을 떠올려주는 음악 속에서 가까운 친구들과 보낸 시간이라 한껏 고조된 기분으로 식당을 나섰다. 문 앞에서 자동차 열쇠를 찾으니 벌써 어떤 사람이 내 차로 뛰어가고 있었다. 나도 모르게 그를 쫓아가 거의 빼앗다시피 열쇠를 받았다. 그 순간 그와 눈이 마주쳤다. 집으로 돌아오는 내내 마음이 편치 않았다. 겨우 몇 천 원을 가지고 내가 꼭 그렇게까지 했어야 했을까. 그의 눈빛에서 얼핏 불안을 본 것은 자의식 때문인지도 모르겠다.

돌이켜 보니 벌써 이십 년 가까운 세월이 흘렀다. 하루아침에 그야말로 낙하산 인사로 제법 유명한 여성 의류 브랜드 매장의 책임자라는 직책이 나에게 주어졌다. 매출 진작을 위한 것이었지만 느닷없이 나타난 윗사람이 매장 직원들에게 달가울 리 없었을 것이다. 더구나 사십이 넘은 나이에 일에 대해 전혀 경험이 없는 사람이었으니 그들이 얼마나 어처구니없어 했을지 짐작이 갔다.

일이 쉽지 않을 것이라는 예상은 했지만 점심시간이 나를 힘들게 할 줄은 몰랐다. 매일 반찬 걱정을 하는 주부였을 때는 마음에 드는 것을 사 먹으면 편하리라 생각했는데 막상 그 입장이 되니 점심식사가 여간 곤혹스럽지가 않았다. 혼자서 식당에 가 본 적이 없는 내가 혼자 먹는 일이 우선 쑥스러웠다. 내가 달갑지 않을 직원에게 함께 가자고 할 수도 없었지만 나이든 윗사람으로서 당연히 내어야 할 식사비도 부담스러웠다.

처음 며칠은 지하 주차장에서 빵과 우유로 끼니를 해결했다. 그러나 지나가는 사람들이 힐끔힐끔 쳐다보는 것 같아 신경이 쓰였다. 식당 주변을 기웃거리다가 유난히 손님들이 북적거리는 곳을 발견했다. 거기라면 아무도 나를 쳐다볼 것 같지 않아 들어간 곳이 칼국수 집이었다. 그 식당의 다른 메뉴는 수제비였다. 칼국수보다 오백 원이 싼 수제비를 주문했다. 식당 주인으로부터 "수제비를 참 좋아하시나 봐요."라는 말을 들을 정도로 한동안 그것은 나의 유일한 메뉴였다.

원래 밀가루로 만든 음식은 뭐든 좋아해서 수제비를 곧잘 먹어 온 나였다. 그런데 스스로 납득할 수 없는 것은 식당에서 가장 가격이 싼 수제비를 먹는 것이 어쩐지 초라하게 느껴지고 공연히 주눅이 들었던 일이다. 식당을 나서면서 내일은 칼국수를 먹겠다고 다짐했지만 이튿날이면 무슨 마법에라도 걸린 듯 수제비를 주문했다. 그리곤 누가 묻기라도 하는 것처럼 '나는 수제비를 좋아해.'라고 나 자신에게 강조하고 설득하려 들곤 했다.

남편 회사의 부도로 내 것이라 생각했던 모든 것들이 한순간 없어져 버렸으나 오백 원이 아쉬울 만큼 옹색해진 것은 아니었다. 또한 수제비가 맛있고 싸니까 좋지 않으냐며 당당해질 수도 있었을 것이다. 가난이란 약간의 불편을 감수하는 것일 뿐이라고 입버릇처럼 말했지만 겨우 오백 원을 두고도 당당할 수 없는 내 마음 가짐이 서글펐다.

막막하기만 하던 날들이 지나간 후에야 그때의 나를 이해하게 되었다. 그것은 불안이었다. 불확실한 내일에 대한 불안, 외면하고 싶었던 궁핍에 대한 두려움이 오백 원에도 연연하게 만들고 불안이 더욱 자신을 초라하게 느끼도록 했다는 것을 깨달았다. 그러나 그것은 가족을, 두 아이를 지켜야 했던 어미의 본능 같은 게 아니었을까.

불안으로 눈빛이 흔들리던 청년을 통해 다시 수제비와 오백 원의 기억을 떠올렸다. 길조의 상징인 학, 비상을 꿈꾸며 날개를 펼친 학이 새겨진 오백 원에 대한 나의 아릿한 추억처럼 남들보다 먼저 뛰어야 했던 청년의 고단한 삶이 훗날 훈훈한 추억으로 남기를 빌어 본다.

(2011.)

그늘과 양지

동대문에서 종로 쪽으로 좌회전을 하기 위해 신호가 바뀌기를 기다리고 있는 중이었다. 그때 자지러지는 아이의 울음소리를 들었다. 시장 근처라 차창을 올리고 라디오를 켜 놓고 있었는데도 아이의 울음소리가 들렸다. 소리가 나는 쪽으로 언뜻 고개를 돌리니 한 여인이 길에서 아이를 때리고 있었다. 그런데 내가 잘못 본 것일까. 아이 엄마로 짐작되는 그 여인 역시 울고 있는 것이었다.

그는 이불 두어 채는 됨직한 큰 보퉁이를 머리에 이고, 아이까지 업고 있었는데 한 손으로는 머리에 이고 있는 것을 잡고 다른 손으로 곁에 있는 서너 살쯤 되어 보이는 아이를 때리고 있었다. 스물은 갓 넘었을까. 아주 앳된 얼굴이었다. 추위로 인해 빨개진

두 뺨이 그를 더욱 어려 보이게 했는지도 모른다.

얻어맞고 있는 아이는 다리가 아파 더 이상 걷지 않겠다고 보챘거나 무언가 사 달라고 자꾸 졸라서 어미를 속상하게 만든 것이리라. 누군가 울먹이며 아이를 때리고 있는 저 여인을 말려 주었으면 싶었지만 행인들은 모두 바쁜 듯 그냥 지나쳤고 나 역시 그다지 급한 일은 없었지만 앞차를 쫓아가느라 그들을 뒤로 했다. 그러나 운전하는 내내 지워지지 않는 것은 언뜻 본, 철부지 딸을 때려야 하는 젊은 여인의 제 설움에 겨운 눈물이었다.

그 여인과 같은 나이의 나는 어땠는가. 그때를 돌아보면 어둠 속에서 갑자기 햇빛이 쏟아지는 거리로 나온 듯 생각만으로도 눈이 부시다. 나라고 아무 걱정이 없었던 것은 아니었다. 가슴을 두근거리며 시작했던 대학 생활은 기대가 컸던 만큼 때때로 무릎이 꺾일 만큼 실망스러웠고 매달 시골집에서 보내오는 용돈은 턱없이 모자라 처음으로 돈이 생활에 차지하는 무게를 실감했던 시절이었다. 그 뿐인가, 당연히 내 것으로 여겨졌던 수많은 가능성들이 한 모서리씩 무너져 내려 체념해야 하는 아픔도 있었다. 그러나 그런 실망이나 아픔은 화창한 봄날 해가 잠시 구름에 가리듯 짧은 순간에 지나지 않았고 그 나이의 나는 부모라는 따뜻한 언덕에 기대어 내게 비춰지는 보드랍고 환한 햇살을 받기만 하면 되었다. 세상은 기꺼이 내 편이 되어 줄 것 같았고 해는 영원히 질 것 같지가 않았다.

내가 세상살이의 고달픔을 처음으로 엿본 것은 아마도 초등학교를 마치고 중학교에 입학하기 전 겨울이 아니었나 싶다. 서울에서 신접살림을 차린 막내이모 댁에서 일주일가량 지내다 와서는 이젠 시골에만 있는 친구들과는 다르다는 생각에 내심 으쓱해지곤 하던 철없는 나이였다. 이모가 사 주신 벙어리장갑은 또 얼마나 자랑스러웠던가. 하얀 바탕에 빨간색 두 줄이 선명하던 장갑을 두 살 아래 여동생이 무척이나 갖고 싶어 했지만 나는 좀처럼 만져 보지도 못하게 했다.

그 날도 엄마의 심부름으로 시장에 가면서 그 장갑을 끼고 있었다. 상가 사이에 죽 늘어선 좌판에서 무엇을 샀는지는 잊었지만 장갑을 낀 채 주머니에서 돈을 꺼내 주다 말고 돈을 받으려고 내민 내 또래 아이의 얼어터진 손등을 보고 무척 놀랐다. 그 아이의 손등은 온통 갈라지고 피가 맺혀 있었다. 겨울이면 내 손도 더러 트기는 했지만 그럴 때마다 밥상 앞에서 손 검사를 자주 했던 어머니가 글리세린을 듬뿍 발라 주곤 해서 그렇게까지 트진 않았다. 그런데 그 아이의 손을 본 순간 나도 모르게 장갑을 낀 것이 미안해 얼른 벗었다. 그것은 아주 짧은 순간이었다. 무슨 깊은 생각을 해서가 아니었다. 아이의 뒤에는 그의 어머니인 성싶은 여인이 밥을 먹고 있었다. 여인의 손등 역시 아이의 손보다 조금도 낫지 않았다.

그날따라 무엇이 그리도 즐거웠던지 노래를 흥얼거리며 깡충깡충 뛰기도 하면서 갔던 그 길을 나는 고개를 숙이고 터덜터덜 걸어 돌아왔다. 그리고 슬며시 동생에게 장갑을 내밀었다.

내가 처음으로 삶의 고단함을 엿본 것은 그 손등에서였을 것이다. 어린 나로서는 고단한 삶의 흔적이라는 것까지는 깨닫지 못했지만, 갈라지고 피맺힌 손등을 보면서 뽀얀 손이 왠지 미안하게 생각되었던 것이다.

우리는 출생과 동시에 삶의 여정을 출발한다. 그리고 누구나 같은 종착지를 향해 걸음을 옮긴다. 그러나 인생 여정은 제각기 다르다. 타고난 환경과 자신의 성격이 그 여정을 행복하게 만들어 주기도 하지만, 자신의 의지와 상관없이 나면서부터 주어진 혹독한 환경이 무너뜨리기 힘든 벽이 되어 가는 길을 어렵고 힘들게 만들기도 한다. 물론 삶의 굽이굽이가 험난한 사람에게는 강인한 생활력이라는 보상이 주어질 수도 있다. 그러나 굳은 흙을 뚫고 몇 번이고 다시 일어나야 하는 잡초 같은 인생의 아픔을 실제로 체험해 보지 않고 그 고통을 진정으로 이해할 수 있을까.

피상적으로 바라보기만 했던 삶의 고달픔 속으로 내가 직접 뛰어 들어가야 했던 것도 이미 몇 해 전의 일이 되었다. 처음에는 생활이라는 높은 벽이 내 마음에 짙은 그늘을 드리웠지만, 다행히도 그동안 바쁘게 종종걸음 치는 생활에 어느 정도 익숙해졌고 또 내게 주어졌던 여러 가지 혜택에 힘입어 이제 그 그늘을 조금씩 지워내고 있다.

나이 탓일까, 그동안 내가 누려 왔던 세상의 밝음과 따스함에 새삼 고마움을 느끼곤 한다. 조금만 둘러보면 도처에 우리의 의지로는 어찌할 수 없는, 타고난 환경이나 주어진 조건 때문에 고달프게 사는 사람들이 너무나 많다. 그러나 언제나 바라보기만 할 뿐 아무것도 해 주지 못한다.

요즈음 일생 동안 누구에게나 공평하게 기회가 주어진다는 말을 자주 떠올린다. 정말 그럴까. 그 말을 믿고 싶다. 갈라진 손등에, 울고 있던 여리고 어린 어미에게 그들 생의 어느 부분에 나에게 주어졌던 만큼의 따뜻함과 밝음이 주어지리라고 믿고 싶은 것이다.

(1998.)

부끄러운 본능

문을 열자 눅눅하고 후텁지근한 열기와 함께 지하실 특유의 퀴퀴한 냄새가 확 풍겨 왔다. 지하실에는 손바닥만 한 유리창이 있었으나 거의 천장까지 꽉 차게 들여놓은 짐 때문에 서너 평 남짓한 그곳은 굴속처럼 어두웠다. 벽을 더듬거려 어렵사리 불을 켰다. 그러나 불그스름한 전등불은 짐에 가려 눈이 어둠에 익숙해지기를 기다려야 했다.

이사 온 후 처음으로 선풍기를 찾으러 지하실로 내려왔는데, 어둡기도 했지만 이 많은 짐을 어디에서부터 뒤져 보아야 할지 몰라 한참을 멍하니 서 있었다. 겹겹이 포개어 놓은 상자를 몇 개씩이나 풀어본 다음에야 간신히 선풍기를 찾아냈다.

온몸이 땀과 먼지로 범벅이 되어 지하실을 나오다 말고 별 생각

없이 뒤를 돌아보았다. 그런데 이게 웬일인가, 짐들이 일제히 나를 노려보고 있는 것 같은 착각이 드는 것이었다. 순간, 그것들이 금방이라도 나에게 덤벼들 것만 같아 몸이 오싹해졌다. 참으로 어처구니없는 느낌이었다.

어둑한 곳에서 제대로 닫지 못해 반쯤 열린 상자들을 보면서 무슨 흉측한 괴물이 연상된 것일까. 잠시라도 더 그곳에 머뭇거리면 그대로 거기에 갇혀 버릴 것만 같았다. 누가 내 뒷덜미라도 낚아챌 것처럼 후다닥 지하실을 뛰쳐나왔다.

지난해 가을, 십여 년이나 살던 아파트가 경매로 넘어가서 이 집으로 이사를 했다. 한동안 실감이 나지 않던 남편의 파산이 차츰 현실로 받아들여지면서, 재물이 없어진 후에 오는 허망함은 그것이 주던 안락함이나 풍요로움보다 훨씬 크게 와 닿았다. 그러나 오래 움츠리고 있을 수만은 없었다. 무엇보다도 불안한 눈으로 나를 지켜보고 있는 아이들을 안심시켜야 했다. 또한 여기에서 그대로 허물어진다면 그것은 내가 지금까지 재물에만 의존해 살아왔다는 것을 인정하는 게 아닌가 하는 생각이 든 것이다. 그래서 내가 처한 상황을 담담히 받아들이겠다고 마음을 다졌다. 재물이란 단지 삶을 치장해 주는 도구나 장식 같은 것에 지나지 않았다는 것을 나 자신에게 증명하고 싶었다. 나를 위로해 주려는 사람들에게도 잃어버린 것은 단지 돈일 뿐이라고 아무렇지도 않게 말하곤 했지만, 그것은 내가 그렇게 믿고 싶고, 또 나에게 다짐해 두고 싶었기 때문이었을 것이다.

한순간 흩어지고 없어질 그 무언가를 소유한다는 것이 얼마나 덧없고 허망한 것인지를 알아 버린 이상, 이제는 그런 것들에 연연해하지 않겠다고 마음을 다지고 또 다졌다. 그러나 내 의지라는 것이 얼마나 허약한 것인지를 아는 데는 그리 오래 걸리지 않았다. 우선 이삿짐을 정리하면서 보잘것없는 가구 하나조차 쉽게 단념할 수 없다는 것을 알았다. 처음에는 과거에 대한 아쉬움을 안고 생활이라는 격전지로 향해서는 안 되겠다는 생각을 했다. 또 체면이나 겉치레 같은 것은 벗어 버리고 홀가분하게 시작하는 것이 나을 것 같아 사는 데 꼭 필요한 것 외에는 전부 없애기로 마음먹었다. 그러나 생활에 필요하다는 것의 기준이 얼마나 애매한가. 버리거나 누구에게 주겠다고 한쪽으로 밀어둔 것도 다시 보면 언젠가는 요긴하게 쓰일 것만 같았다. 아깝다는 생각이나 그대로 가지고 있고 싶은 마음은 어느 순간부터 모든 것을 다시 차곡차곡 챙기게 했다. 어쩌면 밀어내고 싶지 않은 과거에 대한 미련이나 집착이 내 결심을 흔들고 나를 혼란에 빠뜨렸는지도 모르겠다.

지금 우리 형편에 맞는 작은 아파트로 옮기려던 계획이 조금도 줄어들지 않은 짐 때문에 어쩔 수 없이 같은 값의 단독주택으로 바뀌었다. 여러 가지로 불편하리라 예상은 했지만 집에 딸린 지하실에 짐을 넣어 두려면 달리 선택의 여지가 없었다. 그러나 겨울을 나면서 짐을 줄이지 못한 내 미련함과 어리석음을 얼마나 자책했는지 모른다. 따뜻한 아파트 생활에 길들여져 있어서 문을 열고 집으로 들어서도 바깥의 찬기를 조금도 덜어 주지 못하는 현관과 벽 사이로 끊임없이 스며드는 냉기에 겨울은 내가 상상했던 것보다 훨씬 우리를 힘들게 했다. 그리고 그 한기는 몸보다 마음을 더욱 옹색하고 시리게 만들었다. 아이들의 움츠린 어깨를 보면서 가난이란 조금 불편한 것이 아니라 불행한 것이라는 생각까지 들기 시작했다.

날씨가 풀리는 대로 과감하게 짐을 줄이고 당장 아파트로 옮기리라 작정했다. 그러나 햇살이 조금씩 두터워지자 내 결심도 추위와 함께 누그러지기 시작하여 다시 망설여졌다. 일 년에 한두 달 추위를 견딘다는 것이 사내아이들에게 그다지 어려운 일이 아니지 않은가. 그리고 이 짐들은 언젠가는 풀어놓고 쓸 요긴한 것들이지 않는가. 나는 이사를 하지 않아야 할 여러 가지 구실을 만들어 가며 그대로 눌러앉아 있었다. 우리를 끝내 이 집에 묶어 두고 있는 짐들. 그것들은 진드기처럼 달라붙어 있는 나의 물욕이었다는 자각이 두려움으로 변했던 것일까.

재물을 소유한다는 것이, 두 손을 물속에 가지런히 모으고 손에 담긴 물이 내 것이라 믿는 것만큼이나 어리석은 일인 줄 알고 나서도 이 물욕은 조금도 줄어들지 않는다. 아마 나는 앞으로도 한 순간에 흩어져 버릴지도 모를 것들을 얻기 위해, 그것들을 지키기 위해 전전긍긍할 것이다. 물욕이란 어느 날 갑자기 생긴 질병 같은 것이 아니라 우리의 내면에서 뱀처럼 똬리를 틀고 앉아 불쑥 고개를 내미는 부끄러운 본능이 아닐까. 그러나 물욕을 억제해야 한다는 이성과 수수깡처럼 꺾이기 쉬운 나약한 의지 사이에서 문득문득 두려움을 느끼며 살 수밖에 없을 것 같은 예감과 체념이 나를 서글프게 한다.

(1996.)

외로운 외출

아들 둘을 앞세우고 집을 나섰다. 모처럼 외식을 하기로 한 것이다. 늘 일에 쫓기는 남편과 공부에 시간을 쪼개야 하는 큰아이여서 가족이 함께 외식을 하기도 쉽지가 않다. 게다가 좋아하는 음식이 서로 달라서 우선 마땅한 음식점을 찾는 것부터가 쉬운 일이 아니다. 그 날도 몇 군데를 기웃거리다가 아이들과 나는 꽁보리밥이라는 간판을 내건 곳으로 남편을 밀다시피 하여 들어갔다. 늘 아이들이나 내가 좋아하는 것으로 양보만 하던 남편을 위해 오랜만에 별식을 먹어 보기로 했다.

점심때가 지나서인지 식당 안은 아주머니 두 분이 파리채로 파리를 쫓을 뿐 한가했다. 보리밥에 된장과 열무김치를 넣어 밥을 비비면서 남편은 아이들에게 옛날 보릿고개 시절 허기진 배를 채

우기 위해 먹었던 보리죽이며 송기떡에 대한 이야기를 들려주었다.

그때 문을 밀고 후줄근한 차림의 노인 한 분이 들어왔다. 노인은 한참을 두리번거리더니 한쪽 구석으로 가서 된장찌개를 주문했다. 소주 한 병이 얼마냐고 물으면서도 끝내 시키지는 않았다.

노인과 등을 지고 앉아 있던 남편은 나에게 '아는 분'이냐고 물었다. 내가 그 노인에게서 눈을 떼지 못하는 것을 알아차린 것이다. '아는 분'이라는 말이 가슴을 아릿하게 하며 지치고 외로워 보였던 외할아버지의 굽은 등을 떠올리게 했다.

여학교 시절 학교 도서관 일을 맡아 보았다. 책을 읽고 분류하는 일에서부터 더러 책을 선정하는 일까지 하고 있어 나름 자부심을 가지고 있었다. 책 정리를 하느라 늦게까지 학교에 남아 있었던 토요일 오후였다. 그 날은 도서관을 책임지고 계셨던 선생님께서 점심을 사 준다고 했다.

함께 일을 맡은 친구와 신바람이 나서 책가방을 흔들어 가며 선생님의 뒤를 따라 식당으로 들어갔다. 그런데 식당 구석 한쪽에 눈에 익은 뒷모습이 보였다. 틀림없는 외할아버지였다. 점심때가 훨씬 지난 시간에, 그것도 집에서 멀리 떨어진 식당에서 소주병과 뚝배기를 앞에 놓고 계시는 외할아버지를 보게 된 것은 뜻밖이었다.

비교적 번화가에 있던 우리 집은 학교와는 상당히 먼 거리에 있었다. 어디를 다녀오셨는지 온통 구겨진 옷차림의 뒷모습은 너무나 초라해 보였다. 내가 다가가니 힐끗 쳐다보시더니 약간 놀라는 기색이었으나 아무 말씀이 없었다. 소주병은 비어 있었으나 음식은 손도 대지 않은 듯 그대로였다.

나는 알 수 없는 분노에 싸여 집으로 돌아왔다. 집에는 얼마 전에 시골에서 오신 친할머니가 마루에서 어머니와 빨래를 개고 계셨다. 배고프지 않느냐고 걱정스럽게 묻는 친할머니께 나도 모르게 퉁명스러운 대답이 튀어나왔다. 그날 오후 내내 어머니에게 외할아버지를 만났던 이야기를 꺼내고 싶어 안절부절못했으나 결국 아무 말도 하지 못했다.

딸만 넷을 낳은 외할머니를 일찍 떠나보내고 자식들을 생각해 외할아버지는 재혼을 마다셨다고 한다. 조카를 양자로 들였으나 그가 계속 사업에 실패하자 내가 중학교에 다닐 무렵 셋째 딸인 우리 어머니에게 당신의 노후를 의탁하게 된 것이다.

칠 남매 중 셋째인 아버지는 결혼 전에 어머니에게 외할아버지를 모시겠다는 언약은 하셨다고 한다. 사랑에 빠진 젊은이의 혈기 넘친 약속 속에 어느 정도의 진심이 들어 있었는지는 모르지만 결국 아버지는 그 약속을 지키게 된 셈이다.

신혼 초부터 어머니는 시동생과 시누이는 물론 시숙의 뒷바라지까지 했다. 시댁 식구들이 그들 나름대로 기반을 잡게 되자 이번에는 당신의 아버지를 모셔야 했던 어머니는 자신을 위해서는 변변한 옷가지도 하나 장만하기 어려웠다.

외할아버지가 너무 엄해서 시집가는 날이 마치 해방되는 날 같았다는 말을 어머니로부터 종종 듣기는 했지만, 코흘리개였던 막냇동생을 등에 업거나 목마를 태우기 좋아하셨던 외할아버지는 손자들에게는 인자하기만 했다. 그리고 다행히 외할아버지와 아버지는 부자지간처럼 정답게 지내셔서 어린 우리 눈에도 보기에 좋았다.

어머니는 일 년에 한두 번씩 오는 시부모님 앞에서는 언제나 죄인처럼 쩔쩔매곤 하셨다. 그럴 때마다 외할아버지는 갑자기 조카네 볼 일이 생겼다거나 친구를 찾아봐야 한다며 외출을 하셨고, 어머니가 집 뒤에서 눈물짓곤 하는 것도 그즈음이었다.

그 날 외할아버지를 우연히 만난 그해에는 친할머니가 한약을 드시느라 여느 해보다 오래 우리 집에 머물러 계셨다. 언제나 사돈을 피하기만 하는 외할아버지와 기가 죽어지내는 어머니에게 공연히 화가 나고 가슴이 답답해졌다. 그래서 나는 어머니처럼 살지는 않겠다고 입버릇처럼 말하곤 했다.

그러나 결혼 후 얼마 지나지 않아서 며느리와 딸의 차이를 조금씩 실감해야 했다. 시댁 일은 시부모님 뿐 아니라 시숙이나 조카의 일까지도 친정 부모님보다 우선이 되곤 한다. 어쩌다 친정 부모님께 용돈이라도 조금 드리고 나면 남편에게 그것을 숨기려 드는 나 자신에게 스스로도 어이가 없어진다. 내가 시댁에 하는 모든 일은 당연하고 남편이 친정에 하는 것은 하나하나가 고맙게 여겨지는 것은 대체 무슨 까닭일까.

아들을 셋이나 둔 나의 부모님은 외할아버지와 같은 외로운 외출을 하지 않아도 될 것이다. 그러나 부모님은 지금 자식들을 모두 분가시키고 두 분만 따로 사신다.

세상은 많이 변하여 이제는 아들과 딸을 구별하지 않는다고 한다. 여자의 입장이 나아져 딸도 아들의 구실을 하게 됐다는 말일 것이다. 그렇다면 노인들에게 딸네가 예전의 아들 집처럼 편안해진 것일까. 그러나 아들 집도 예전의 사위 집만큼 불편하기는 마찬가지여서 오히려 노인의 자리가 더욱 좁아진 것 같다면 이건 나 혼자만의 생각일까.

외할아버지는 일 년에 며칠 동안만 외로운 외출을 하셨지만 나의 부모님은 일 년 내내 허허로움을 안고 살고 계신지도 모른다. 어느새 생의 뒤안길에 서게 된 아버지. 아버지는 오늘 어느 식당에서 그 옛날 외할아버지의 외로움을 달래 주던 소주 한 병으로 당신의 헛헛한 가슴을 채우고 계시는 것은 아닌지.

(1996.)

화해

기억은 세월과 함께 그 색조가 옅어지면서 그리움이라는 고운 얼굴을 내민다.

지난 추석 때의 일이다. 경비하는 분을 위해 음식을 챙겨 들고 나가는 어머니의 모습에서 언뜻 아버지가 비쳤다. 명절 때나 특별한 음식을 하면 어머니가 늘 해 오던 일인데 올해 유독 아버지를 떠올리는 것은 아마 며칠 전 산소에서 동생으로부터 어머니가 아버지와 합장을 원한다는 말을 전해들었기 때문일 것이다.

그동안 어머니는 매장은 싫다며 화장해서 큰아들 곁으로 가겠다고 하셨다. 허리가 불편하기는 하지만 비교적 건강하신 편이라 어머니의 말씀을 먼저 간 자식에 대한 그리움 정도로 흘려듣곤 했는데 구체적으로 당신의 자리를 정해 주기까지 했다니 가슴이 먹먹해졌다.

요즈음 어머니는 옛이야기, 특히 아버지에 관한 일을 자주 떠올리신다. 그때마다 어머니의 기억력은 수험생에게 빌려 주고 싶을 만큼 세세한 것 어느 하나 놓치는 법이 없다. 큰아들을 떠나보낸 후 몸도 마음도 약해지고 기억력도 전만 못해진 것 같은데 아버지에 관해서는 자식으로서 듣기 그다지 편치만은 않은 일들까지 소상하게 집어내시는 분이라 합장으로 마음을 바꾼 것이 조금 의아했다.

요즘의 신세대처럼 감정을 드러내지 않는 세대의 분들이라 단정적으로 말하긴 어렵지만 어머니는 아버지를 깍듯이 모시기는 했지만 그다지 살갑지는 않아 다정해 보이지 않았다. 지난날을 돌아보면 어머니를 충분히 이해할 수도 있다. 칠십을 눈앞에 두고 떠나신 아버지는 자식들, 특히 딸들에게 더 자상했던 분이다. 나는 아버지의 등에 업혀 나들이를 갔던 일이며 아버지의 자전거를 타고 학교를 갔던 일 같은 따뜻한 기억들을 얼마든지 떠올릴 수 있다. 그러나 어머니에게 아버지는 불이었다고 하면 비슷할까. 젊은 날 아버지는 가슴에 부싯돌을 지녔던 분이 아니었나 싶다.

짝사랑에 빠진다고 누구나 상사병으로 죽음을 눈앞에 두지는 않을 것이다. 자신의 가슴에 불을 일으켜 스스로를 활활 태울 수 있는 사람이 죽음에 이를 수도 있는 상사병을 앓는 게 아닐까.

아버지는 이모 댁에 다니러 온 이웃집 처녀에 반해 죽음 직전까지 갔던 분이다. 그리고 사랑의 맹세가 아닌 장인을 모시겠다는 각서를 쓰고 어머니와 어렵사리 결혼했다. 그러나 아버지 가슴속의 부싯돌은 종종 불티를 날렸다. 어머니는 무서운 부친으로부터 벗어나기 위해 결혼했다고 말할 만큼 외조부님의 엄한 교육을 받아서인지 아버지가 일생 동안 술을 즐기고 틈만 나면 친구들과 어울려 집을 비웠지만 나서는 법이 없었다.

그러나 밖으로 날아간 불티는 묵인하기 쉽지 않았던 모양이다. 아버지는 말년에 당뇨병을 앓고 계셨는데 친구 분들과 여행 중에 발가락을 다친 것이 원인이 되어 패혈증으로 입원하여 이 주일 만에 당신의 성격만큼이나 급하게 세상을 뜨셨다. 더러 한눈을 팔기는 했지만 가시는 날까지 어머니에 대한 아버지의 애정은 별반 변한 것 같지는 않다. 자신의 감정을 드러내는 것을 부끄러운 일로 생각하는 분이기는 하지만 내 기억에는 어머니가 아버지에 대한 그리움을 자식들 앞에서 보인 적이 없다. 그러나 미움도 원망도 그리움의 다른 표현이었던 모양이다. 세월은 이제 어머니를 아버지 곁으로 가기로 마음을 바꾸게 만들었다.

아버지는 저 세상에서 만난 당신의 아버지와 화해하셨을까.

아들 여섯에 딸 하나를 두신 할아버지의 셋째 아들이었던 내 아버지는 부친의 장례식에서도 눈물을 보이지 않을 정도로 당신의 아버지에 대해 냉담했다. 할아버지는 선친으로부터 물려받은 적잖은 전답과 파평 윤씨 집 외동딸이었던 신부가 혼수로 가져온 상당한 전답을 모두 투전판에서 날리신 분이다. 일곱 아이를 한자리에 다독거려 재우는 것밖에는 아무것도 모르셨던 할머니는 훤칠한 외모의 서방님에 대한 변함없는 사랑으로 일생 바깥에서 하시는 일에는 간섭을 하지 않는 미덕만 지켰고 그 치다꺼리는 자식들과 친정에서 도맡아 했다. 할아버지는 아내의 전폭적인 신뢰 덕이었는지 덩그런 기와집 한 채만 남겨 놓고 전 재산을 없애고도 가장으로서의 당당한 권위는 흔들림 없이 유지하셨다.

나의 아버지는 어린 나이에 삼촌을 따라 일본으로 건너가 많은 어려움을 겪으며 자수성가해 집안을 일으킨 분이다. 한때 우리 집은 상주여관으로 통할 만큼 아버지의 일가친척들이 거쳐 가는 곳이었다. 그러나 아버지는 부친에 대한 자식으로서의 도리를 언제나 아내 몫으로 미루셨다.

언제부터였을까, 아버지는 명절이 되면 노인정으로 음식을 보내곤 했다. 자식들에게 당신이 만든 음식을 싸주고 싶어 하는 어머니의 눈치를 외면하고 대부분의 음식을 노인정과 경비실로 가져다 주는 아버지를 보면서 그때는 단순히 마음이 따뜻하다는 정도로만 생각했다. 그런데 오늘 경비실로 음식을 가져가는 어머니를 보면서 문득 아버지를 떠올린 것은, 아버지 역시 당신의 아버지와 화해를 시도하신 게 아니었을까 하는 생각이 든 것이다. 세월이란 그리움의 온기로 얼어 있는 마음도 녹일 수 있겠다 싶은 것은 아버지와 화해하는 어머니를 보았기 때문이다.

(2014.)

구름은 좋겠다

눈을 들면 언제나 창에 하나 가득 하늘이다. 좀 한가한 시간에는 멍하니 하늘을 바라볼 때가 많다. 자잘한 비늘구름이 걸려 있는 날은 마치 물결이 일렁이는 바다를 바라보는 것 같다. 임자 없는 빈 배를 하늘 바다에 띄우고 훌쩍 떠나본다. 구름 한 점 없는 하늘이 빈 밭으로 보이는 날도 있다. 그런 날은 하늘 밭에 가벼운 새털구름을 심어 보기도 하고 금방이라도 비가 쏟아질 것 같은 먹구름을 깔아 보기도 한다.

오늘은 오후 내내 짙은 회색 구름이 낮게 내려앉아서 비가 오려나 했더니 언뜻 파란 하늘 한 조각이 구름 사이로 보인다. 구름은 바람에 무거운 몸을 맡기고 그대로 지나가려나 보다.

불그레한 노을이 깔리기 시작하며 창밖에는 어둠이 내린다. 길 건너 대형 할인 매장에서 나오는 차량의 행렬은 좀처럼 끊이지 않고 도로는 그대로 주차장이 된다. 한산하다 못해 적막하기까지 한 우리 상가와는 사뭇 대조적이다.

한 달 안으로 절반가량이 입점할 것이고 가을이면 70프로는 채워질 것이라는 상가 영업팀의 말만 믿고 이곳 양재동으로 옮긴 지도 벌써 열 달 남짓이다. 텅 빈 상가 빌딩에 약간의 모험과 도전, 거기에 희망까지 얹어 가며 문을 열었다. 마무리 공사가 채 끝나지 않아 먼지와 기계 진동음 속에서 여름을 보내고 옷 장사에겐 성수기인 가을이 왔으나, 상품과 고객으로 분주해야 할 상가에는 나처럼 서둘러 입점한 사람들의 걱정과 한숨 소리만 적막을 밀어내고 있다.

이 상가는 규모도 크지만 구조도 조금 색다르다. 한 건물 안에 서로 구름다리로 연결된 상가 세 동이 복도식 아파트처럼 늘어서 있다. 길게 누운 빌딩의 전면은 온통 유리로 되어 있고 위로는 어느 시인의 표현처럼 하늘 호수가 지붕을 대신하고 있다. 건물 뒤편은 원통형의 자동차 통로가 있어 멀리서 보면 모양새가 제법 그럴 듯하다.

내가 계약을 할 때에는 3층이 여성 의류로 지정되어 있어, 3층의 백여 개 매장 중에서 나는 맨 앞쪽의 첫째와 두 번째 매장을 선택했다. 전면이 시원스레 뚫려 있어 고개만 들면 하늘을 볼 수 있다는 것이 당장 마음을 사로잡아 두 번 생각도 하지 않고 그 자리로 정했다.

백화점에 점포를 가졌을 때는 늘 갇혀 있는 듯해 답답했는데, 이곳은 그런 중압감에서 벗어날 수 있을 것 같아 좋았다. 영업 장소를 정할 때에는 이모저모 따져 보아야 했음에도 매사에 그러하듯이 나는 감정에 치우쳐 즉흥적으로 결정을 내린 것이다. 막상 문을 열고 보니 우리 매장이 한쪽으로 치우쳐 있어 고객들의 눈에 쉽게 띄지 않는 것이 결점이었다.

고객의 표정 하나도 선불리 할 수 없는 긴장의 연속에서 하루의 매출이 결정되는 것이 장사인데 고객의 접근이 어렵다는 것은 시작도 하기 전에 주저앉는 꼴이었다. 유동 인구가 없는 것은 말할 것도 없거니와 십여 년의 세월이 쌓여 고정 고객으로 마음까지 이어져 있던 사람들마저 발길이 뜸해지자 그제야 걱정이 되기 시작했다.

그러던 참에 반가운 소식이 들렸다. 새로 들어온 상가 영업팀에서 매장 구성을 바꿔 여성 의류를 3층에서 2층으로 변경하기로 했으니 원하는 위치를 알려 달라고 했다. 그런데 막상 매장을 옮기기 위해 지금 내가 있는 매장의 주인과 해약을 하려니 여러 가지 문제로 여간 난감한 게 아니었다. 또한 아직도 마음 한 구석에 남아 있는 이곳에 대한 애착도 문제였다. 매장은 현실적인 생활현장이지만 나에게는 하루를 채워 나가야 할 정서적인 공간이기도 했다. 구름을 바라보며 바람을 가늠하고 계절의 흐름을 내 눈으로 확인할 수 있는 이 자리가 못내 아쉬웠다.

장사라는 일이 숫자로 환산되어 조금은 안정된 훗날을 약속해 줄 수도 있겠으나 이미 가을 녘에 와 있는 내 생에 그려질 마음의 무늬 역시 소홀할 수 없어 며칠이나 밤잠을 설쳤다. 마침내 움직이지 않기로 결정을 내렸다. 그리고 일단 그렇게 결정을 하고 나니 이상하리만치 안도감과 함께 마음이 편해졌다.

다른 매장들과 뚝 떨어져 외딴 섬처럼 돌아앉은 내가 할 수 있는 영업 전략이라야 별다른 게 있을 리 없다. 어렵게 여기까지 찾아 주는 분들에게 고마움을 전하고 또 잊을 만하면 "나 여기 있소." 하고 알리는 메시지를 휴대폰에 띄우는 것뿐이다. 메시지라야 늘 쳐다보는 하늘과 구름, 그리고 변하는 계절에 대한 느낌을 몇 마디씩 표현하는 것이 고작이다.

커다란 추를 매달아 놓기라도 한 것처럼 반복되는 일상에 묶여 있는 내가 훌훌 털고 어디론가 떠나고 싶은 날, 사람과의 일이 엉키어 마음이 잔뜩 흐린 날, 또 사는 일이 스산하여 마음이 무거운 날은 눈앞에 펼쳐진 하늘을 바라본다. 그리고 구름에 마음을 싣는다. 제 몸에 실린 것이 무거우면 비 한 줄기로 덜어 내고 바람에 제 몸 맡기는 구름이 부러운 것이다. 그럴 때면 문자를 날린다.

"구름은 좋겠다. 제 무게 버거우면 비 한 줄기 뿌리면 그만인 것을…."

늘 이런 식이다. 그러나 어떤 이들은 더러 내가 전하는 문자를 기다린다고도 하니 가끔은 사람의 감성을 건드리는 것도 나쁘지 않은가 보다. 그러나 순수한 그 말들 속에 포장된 내 얕은 장삿속이 그들에게 드러날까 한편 두렵기도 하다.

(2006.)

선운사에서

올해 선운사 동백은 일간지에 실린 사진으로 처음 접했다. "아, 선운사!" 그 사진을 보는 순간 나도 모르게 탄식이 절로 나왔다. 몇 해 전까지만 해도 선운사 동백을 보려고 해마다 봄이면 고창으로 내려가곤 했었다. 약간 부끄러운 고백이지만 언젠가부터 '선운사 동백'과 '서해안 일몰'에 연연해하고 있었다. 굳이 버킷리스트라고까지 할 것은 없지만 그 아름다움을 가슴에 담아 보고 싶었다. 그래서 연례행사처럼 선운사로 달려가고 일몰을 보겠다고 서해의 해변을 기웃거리곤 했었다. 그러나 번번이 때를 맞추지 못해 동백꽃은 산자락에 깔린 것들을 보아야 했고 일몰 역시 무언가 미진해 실망하곤 했다.

최근 몇 년은 그마저도 잊고 지냈다. 내가 몰두할 다른 대상이 생긴 것이 아니라 실망이 열정을 식혀 버린 것이다. 그런데 선운사 동백꽃 축제와 시인과의 대화에 관한 신문 기사에 "쉿, 저기 꽃 떨어지네요."라는 글귀에 갑자기 가슴을 뛰었다. 축제기간 나누어 준 시집 ≪꽃이 지고 있으니 조용히 좀 해 주세요≫는 나를 부르는 듯 서두르게 했다.

신문에 실린 동백꽃은 이제 막 기지개를 펴며 활짝 열릴 듯이 보였다. 마음이 다급해져 그 이튿날로 운전대를 잡았다. 올해는 늦추위 때문에 봄이 한 발짝 뒤로 물러나느라 봄꽃들은 늦음을 보상하려는 듯 화려하게 피어 있었으나 느긋하게 꽃을 즐길 수가 없었다.

선운사 입구의 벚꽃은 그야말로 절정이었다. 황송하리만치 아름다운 벚꽃 터널을 걸어가며 동백에 대한 기대로 가슴이 두근거렸다. 그러나 기대가 너무 큰 탓이었을까, 여기저기 카메라와 휴대폰을 들이대는 사람들 사이로 바라본 동백꽃은 더러 활짝 핀 꽃도 있었지만 아직 소녀티를 벗어나지 못하고 있었다. 입 꼬리를 말아 올리며 살짝 웃고는 있었지만 대부분 꽃은 다소곳이 잎과 가지 사이에 숨어 있었다. 안타까웠다. 만개한 동백 숲을 기대하고 숨 가쁘게 달려온 나에게는 여간 실망스러운 게 아니었다.

애석한 마음을 추스를 겸 박물관 쪽으로 발길을 돌렸다. 그 근처였을 것이다. 불자로 보이는 중년 부인 세 분과 마주쳤다. 그중 한 분이 유난히 다정스레 말을 건넸다. 선운사는 물론이거니와 도솔암에 대한 설명까지 친절히 해 주어 고마운 마음에 동백꽃을 보러 왔노라고 솔직히 말했다. 그런데 그의 답이 너무 늦었다는 것이 아닌가. 동백은 만개와 동시에 눈물처럼 뚝뚝 떨어지는 꽃이라 이미 꽃이 지고 있다는 것이다. 조문을 하듯 가슴에 손을 얹고 머리를 숙이며 확신에 찬 어조로 말하는 사람에게 달리 응대할 말이 없어 고개만 몇 번 주억거리고 인사를 나누었다. 얼마 지나지 않아 스님 두 분을 만났다. 이번에는 내 쪽에서 스님에게 합장을 하며 다가가 동백꽃에 대해 물었는데 "만개지요. 얼마나 아름답습니까. 역시 선운사 동백이지요." 했다.

나는 무엇을 보았는가. 같은 시기에 본 같은 사물을 놓고 어찌 이리도 다른 해석을 내릴 수 있는가. 혼란스러웠다. 내 눈으로 본 것에 대한 혼란은 내 의식 전반을 혼돈으로 몰고 갔다. 본다는 것은 보는 행위를 경험하는 것이라 한다. 나의 망막을 통해 뇌에 인지된 동백에 대한 경험은 왜 이렇게 그들과 달라야 하는가. 물론 경험하는 사람이 서로 다르니 그 인지능력에 따라 조금씩 차이는 있을 수도 있지만 나는 왜 늘 실망하고 돌아서야 하는가.

서울로 돌아와서도 풀리지 않는 의문을 안고 전전긍긍하는 마음은 동백에 대한 상념을 떨쳐 버릴 수가 없었다. 며칠 후 마침내 뭔가 집히는 것이 있었다. 어쩌면 그것은 마음 저변에 깔린 정서의 차이가 아닐까 하는 생각이 문득 떠오른 것이다. 사철 내내 법고 소리와 염불 소리 속에서 불심을 나이테에 새겨 넣고 있는 선운사 동백은 불자의 눈으로 보아야 하는 아름다움이 있을 것이다. 그들만이 맡을 수 있는 향기와 서로 교감할 수 있는 마음. 그것을 꽃의 형태에만 매달려 달려온 내가 어떻게 기대할 수 있겠는가.

선운사로 나를 이끈 것은 누구나 비슷하겠지만 미당 서정주의 시 〈선운사 동구〉였다. 교과서에 실린 〈국화 옆에서〉로 왠지 친숙하게 느껴지는 미당. 그의 〈선운사 동구〉의 한 구절 "막걸리 집 여자의/ 육자배기 가락에/ 작년 것만 상기도 남었습디다" 그 절창에 끌려 기어이 시인의 마음을 느껴 보리라 생각했던 것이다. 그 땅에서 나고 자란 시인의 느낌을 언감생심 나도 가져보려는 욕심을 앞세우고 갔으니 동백꽃을 제대로 볼 수 있었겠는가.

일몰이 아름답기로 소문난 안면도 해안에서도 늘 서먹하고 미진하게 돌아선 이유를 이제야 알겠다. 나는 무언가를 얻으려는 욕심을 마음 자락에 깔았고 그것으로 인해 마음의 눈을 뜰 수가 없었을 것이다.

선운사를 다녀온 후 마음속에 내내 간직해 온 동백꽃이 마침내 '후드득' 떨어진다.

(2012.)

Chapter 2

상실의 무늬

사막의 밤

흉터

바다를 품은 산

전하지 못한 말

가변 차선

원점에서

황혼의 홀로 서기

상실의 무늬

가족사진

남편이나 아이들에게 한 말, 부모형제와 친구들에게 한 약속들, 잠시 분위기에 젖어서 해 놓고는 잊어버리고 말았던 약속. 어떤 철통같은 요새보다 더 굳건히 지켜질 것 같았던 맹세도 세월이 스며들면서 슬며시 허물어지곤 하지 않았던가. 그리고 그것들이 크고 작은 흔적으로 나와 상대방의 가슴에 남아 있을 것이다.

사막의 밤

뼛속까지 추웠다. 아니 사막의 밤은 냉혹하다는 표현이 더 어울린다. 거대한 피라미드나 스핑크스를 직접 볼 수 있다는 게 가슴을 설레게도 했지만 무엇보다 여행 일정에 사막 체험이 포함되어 있어 두 번 생각할 것도 없이 이집트 행으로 마음을 정했다. 그러나 사막의 밤은 냉기가 예리한 칼로 피부를 후비듯 파고들어와 뼛속으로 안개처럼 눅눅히 스며들어 추위가 공포로 변하는 과정을 생생하게 체험하게 하였다.

손에 잡힐 듯 쏟아지는 별들과 이미 잊혀져 가는 은하수에 대한 노랫말처럼 하얀 쪽배가 걸려 있는 밤하늘, 문명에서 멀찍이 앉아 바람결에 출렁이는 밀밭 같은 모래 언덕, 사막여우가 별을 보며 헤매는 곳을 그리며, 떠나기도 전에 내 마음은 낙타를 타고 사막을 떠돌고 있었다.

출발 전에 사막의 밤이 춥다는 인솔자의 연락을 받고 나는 열대의 땅으로 가면서 시베리아라도 가듯 준비를 했다. 공항에 도착해 동행하는 사람들의 짐과 비교하니 내 가방은 이삿짐에 가까웠다.

카이로에 도착하니 날씨가 따뜻해 추위에 대비한다며 호들갑을 떨었던 게 겸연쩍었다. 그러나 사막의 밤은 달랐다. 내복을 입고 털 스웨터에 한겨울 바지와 두꺼운 오리털 코트까지 껴입고 양말은 두 켤레에 구두까지 신고서 침낭에 들었다. 그 위에 또 두꺼운 담요를 덮고 텐트의 지퍼를 단단히 채웠다. 그래도 잠을 이룰 수가 없었다. 웅크리기도 힘들만큼 껴입어서 불편하기도 하려니와 발끝부터 치고 들어온 냉기에 몸이 그대로 얼어 굳어 버릴 것 같았다.

그때 문득 어느 날 밤이 떠올랐다.

벌써 이십 년이 가까워 오고 있는데도 아직도 그 밤은 이따금 악몽처럼 나를 놀라게 한다. 남편 회사의 부도로 살던 아파트를 내어 주고, 옹색하게나마 그래도 두 아이와 함께 한 지붕 아래 잠들 수 있다고 안도하던 그 겨울의 밤이 떠올랐던 것이다. 머리맡에 두었던 컵의 물이 꽁꽁 얼어붙어 있는 것을 처음 본 그 밤. 놀라서 옆방으로 가 보니 웅크리고 잠들어 있는 아이들 머리맡에도 물은 얼어 있었다. 아이들이 볼세라 다급하게 물 컵을 들고 나오는데 다리가 후들거렸던 것이 어제 일처럼 선명하다.

그때는 막 사춘기에 접어들었던 막내아이의 불안한 마음을 다독거려야 했기에 생활이 조금 불편해졌을 뿐 아무것도 달라진 것은 없다며 의연한 체 했다. 어쩌면 나는 물질에 연연해하지 않는 사람으로 인식되고 싶었는지도 모르겠다. 당장 생계를 걱정해야 했던 나로서는 좌절이나 방황은 오히려 사치였다.

그러나 그날 밤 처음으로 벼랑 끝에 서 있는 나를 직시해야 했고 봄이 오기를 기다려야 하는 추운 겨울날들이 내 앞을 가로 막고 있다는 사실과 그 봄이 쉬 오지 않으리라는 자각으로 가슴이 얼어붙었던 것이다.

텐트에서 몇 시간 버티지 못하고 밖으로 나왔다. 간밤에 피웠던 모닥불이 남아 있다면 발이라도 녹이고 싶었다.

지난밤, 사막의 원주민인 베드윈들이 피워 준 모닥불 주위로 빙 둘러앉아 차를 마시고 군고구마를 먹었다. 초등학생 때 배웠던 별자리를 기억해 내며 은하수에 탄성을 질렀다. 그러나 내가 상상했던 것처럼 별이 손에 닿을 듯이 쏟아져 내리지는 않았다. 하늘은 별잔치였지만 너무 높고 멀었다. 뒷목이 뻣뻣할 정도로 하늘을 올려다보았지만 다들 한두 개씩 보았다는 유성이 내겐 도무지 눈에 띄지 않았다.

그때였다. 모닥불을 지피고 있던 사람이 불길을 추스르려고 타고 있는 나무토막을 비비기도 하고 탁탁 두드리기도 했다. 그러자 불티가 쏟아져 하늘로 올랐다. 불티는 칠흑의 어둠 속으로 기도하듯 두 손을 모으는가 싶더니 빨간 꽃봉오리가 되어 송이송이 하늘에 뿌려지며 줄줄이 화살처럼 하늘을 향해 올라갔다. 그 순간 나는 유성이 하늘에서 떨어지기만 하는 것이 아니라 하늘을 향해 올라갈 수도 있다는 생각에 사로잡혔다. 나도 모르게 가운데로 나가 원주민의 손에 들린 나무를 빼앗아 들고 두드리고 또 비비며 열심히 불티를 어둠 속으로 날려 보냈다. 아니다, 나는 불티로 만든 유성을 하늘로 올려 보내며 기도를 하고 있었다. 무엇을 기원했는지 모르겠다. 늘 그랬다. 보름달을 보면서 돌탑에 돌 하나 얹으면서 항상 빌었다. 마음으로 두 손을 모으고 빌고 또 빌었다.

치게 식은 재만 남은 그곳에는 지난밤 보았던 사막 쥐의 발자국과 사막여우로 짐작되는 낯선 발자국들이 하얀 재 주위로 흩어져 있었다. 그리고 가까이 원주민들이 깊이 잠들어 있었다. 자세히 보니 담요 한 장을 두르고 자고 있었다. 달랑 담요 한 장이라니. 깊이 잠들어 있는 그들을 보니 내가 정말 추웠던가 싶었다. 아무리 습관이 되었다지만 어떻게 이 냉기를 담요 한 장으로 견딜 수 있는지 얼른 이해가 되지 않았다.

삼십여 년 전 호주에서였다. 시드니의 겨울은 한국의 가을 날씨와 비슷하다. 그곳의 주민은 여러 나라에서 온 이민자들로 형성되어 있다. 추운 나라에서 온 사람들은 대개 첫해에는 날씨가 따뜻하다며 얇은 옷으로 겨울을 보낸다. 그러나 해가 거듭할수록 그들은 더운 나라에서 온 사람들보다 훨씬 두꺼운 옷으로 겨울을 난다. 피지 같은 열대지방에서 온 사람들은 처음에는 추워서 겨울을 나기 힘들어 하지만 해가 지나면 일 년 내내 반팔 차림으로 지내기 일쑤다. 우리는 자신이 겪어 온 추위에서 크게 벗어나지 못하고 기온 자체보다 마음에 저장된 추위에 더 민감하게 반응하는 게 아닌가 싶다.

유성을 기다리다 지쳐 불티에 불과한 것을 유성이 될 수도 있지 않겠느냐고 나 자신에게 우기면서까지 무엇을 기원했던가. 잠든 아이들의 방에서 보았던 자리끼와 함께 얼어붙은 가슴은 그날 이후 예측할 수 없는 내일에 대한 불안으로 늘 두 손을 모으게 했다. 그러나 얼음장 같은 추위 속에서도 편히 잠들어 있는 원주민들을 보면서 섬광처럼 떠오른 것이 있었다.

적응! 그랬다. 적응이었다. 불안으로 얼어붙은 가슴을 녹이는 것은 기도가 아니라 현실을 있는 그대로 받아들이고 그것에 적응하는 것이었다.

그것을 깨닫기 위해 이렇게 멀리 이집트까지 왔어야 했던가. 어쩌면 봄이 이미 와 있는데도 나는 아직도 마음속의 겨울에서 벗어나지 못하고 있었던 것은 아니었을까.

내 생각에 잠겨 있는 동안 샛별은 유난히 반짝이며 조금씩 어둠을 걷어 내고 있었다.

(2008.)

흉터

장갑을 모으던 시절이 있었다. 아마 누구에게도 선뜻 내보이고 싶지 않은 못생긴 손 때문이 아니었나 싶다. 나이가 들면서 외모에 관해서 어느 정도 체념하고 있기는 하지만, 힘줄이 툭툭 불거져 나와 그렇지 않아도 볼품없는 손에 얼마 전에 작은 벌레가 얹힌 것 같은 흉터까지 생기고 보니 일 년 내내 장갑이라도 끼고 싶은 심정이다.

원체 조심성이 없는 탓에 내 몸에는 크고 작은 흉터가 여럿 있다. 대개는 어릴 때 생긴 것이어서 이제는 거의 표가 나지 않는데, 손등의 흉터만은 앞으로 평생을 지니고 살아야 할 모양이다.

조그마한 옷 가게를 하고 있다. 그날 폐점 시간을 겨우 삼십여 분 남겨 놓고 고객과 한 약속이 생각났다. 우리 매장에는 맞는 사이즈의 옷이 없어 다른 대리점에서 가져다주기로 한 날이 바로 다음 날이었다. 고객이 가까운 친구이기도 했고 또 당장 입어야 할 옷도 아니었지만 그날따라 왜 그렇게 약속에 연연했는지 모르겠다. 그 대리점이 문을 닫기 전에 닿으려면 서둘러야 했다. 급하게 주차장으로 나갔더니 내 차 뒤에 한쪽 모서리가 거의 닿을 듯이 세워 놓은 차가 있었다. 조급한 마음에 무리하게 차를 움직이다가 왼손이 내 차 뒤에 세워 놓은 차의 모서리와 내 차 사이드미러 사이에 끼어 손등의 살갗이 찢어지고 손은 피투성이가 되었다. 그런데도 화장지를 붕대삼아 손에 둘둘 말아 감고 운전을 해 가까스로 폐점 시간 전에 그곳에 닿을 수가 있었다. 물론 약속은 지켰다. 화장지 한 통을 온통 피로 적셔 가면서까지 운전을 해 결국 손가락 하나가 신경이 끊어졌다. 그뿐인가, 하필이면 상처 난 곳이 반지를 끼고 있던 손가락 부위라 퉁퉁 부어 오른 손가락에서 반지를 뺄 수가 없었다. 결국 치과의 기구까지 동원해 가며 잘라내어야 했는데 그때 힘들었던 것은 지금도 기억하고 싶지가 않다.

약속이란 지키는 것이 당연한 일이다. 특히 장사하는 사람에게는 고객과 한 약속은 신용과 관계되는 일이라 반드시 지켜야 한다. 그렇지만 상황에 따라 핑곗거리를 만들기도 하면서 지키지 못하는 약속도 더러 있기 마련이다. 그런데도 어느 날은 굳이 지키지 않아도 무방할 약속에도 신경이 쓰이는 날이 있다. 대개 무심히 흘려듣던 노래 한 소절이나 스쳐 지나가는 이의 뒷모습에서 문득 한 친구를 떠올리게 되는 날이다.

캐나다로 이민을 가서 지금은 연락이 끊어진 한 친구가 있다. 그가 우리 학교로 전학을 온 초등학교 5학년 때부터 고등학교를 졸업할 때까지 가장 가깝게 지낸 친구이다. 집도 가까웠고 성향 또한 서로 비슷했던지 자주 다투면서도 우리는 줄곧 붙어 다녔다.

벌써 삼십 년이 지났건만 아직도 기억에 생생한 그날은 가을에서 겨울로 접어드는 길목인 아마도 이맘때쯤이었을 것이다. 졸업 시험을 앞두고 우리는 함께 공부를 했다. 보름이 가까웠던지 달이 무척이나 밝았다. 달빛 때문이었을까, 아직도 사춘기를 벗어나지 못한 내 유치한 감상은 한껏 부풀어 올랐다. 어쩌면 누군가를 애절하게 부르는 것처럼 들려오던 파도 소리 때문이었는지도 모르겠다. 바닷가에서 나고 자라 늘 가까이 들어온 파도 소리다. 그런데도 어느 날은 턱없이 그 소리에 매료되곤 했다. 깊은 밤 간간이 들려오는 파도 소리에 낯선 부두, 어느 해변을 헤매는 것 같은 착각에 빠져들곤 하던 나이였다. 소녀 시절 흔히 갖게 되는 먼 곳을 향한 막연한 동경을 그렇게 풀어내고는 했다.

그날 밤 나는 깊이 생각해 보지도 않은 말을 불쑥 내뱉었다. 그와 나 둘 중에서 누구 한 사람이라도 시험에 실패해 우리가 지망하고 있는 같은 대학에 갈 수 없다면 진학을 포기하자고 했다.

입시에 대한 불안 때문이었는지 아니면 단순한 우정의 표현이었는지 지금도 그때의 내 마음을 헤아릴 수가 없다. 내 말을 듣고 한동안 그는 아무 말이 없었다. 한참 후에야 눈물을 글썽이며 고개를 끄덕였다. 그 순간의 감격은 입시에 대한 걱정을 말끔히 사라지게 했고 마음은 이미 대학의 교정을 거닐고 있었다.

몇 달 후 우리는 같은 대학을 응시했는데 안타깝게도 그는 실패하고 말았다. 나는 합격의 기쁨에 들떠 내가 한 말은 까맣게 잊고 있다가 그가 후기 대학을 준비하고 있다는 소식을 전해 듣고서야 비로소 우리의 약속에 대해 걱정이 되기 시작했다. 그러나 부모님께 그 대학에 가지 않겠다는 말씀을 드릴 엄두도 나지 않았지만 나 자신이 내가 합격한 대학을 포기할 생각 또한 전혀 없었다. 약속에 대한 부담 때문에 그를 만나러 갈 용기가 나지 않았다. 후기 대학에 합격한 후에 그가 나를 먼저 찾아왔다. 그는 우리의 약속에 대해서는 전혀 기억하지 못하는 듯 보였다. 나 역시 그 말을 끄집어내지 못하고 우물쭈물 시간을 놓치고 말았다.

그 후로 그를 만나면 마음이 편치 않았다. 그를 만나려면 우선 옷깃에 달고 있던 학교 배지를 떼어야 했고 줄곧 학교에 대한 불만을 과장하면서 심지어 교정에 핀 샐비어의 빨간색이 유치하다는 등 불평을 늘어놓곤 했다. 나와는 반대로 그는 여자대학보다는 남녀공학인 자기 학교가 그에게 훨씬 잘 맞는 것 같다고 했다.

내 심중을 짚고 있는 그의 배려였으리라. 몇 번이나 그에게 사과하리라 생각했지만 끝내 그 말을 입 밖에 내지 못하고 마음의 짐으로, 지울 수 없는 흉터로 남았다.

소녀 시절 감상에 젖어 했던 약속 정도는 어쩌면 사소한 일에 불과할 수도 있다. 오십여 년을 살아오면서 내가 한 말에 책임을 지지 못한 것이 비단 이 일뿐이겠는가. 가깝게는 남편이나 아이들에게 한 말, 부모형제와 친구들에게 한 약속들, 잠시 분위기에 젖어서 해 놓고는 잊어버리고 말았던 약속. 어떤 철통같은 요새보다 더 굳건히 지켜질 것 같았던 맹세도 세월이 스며들면서 슬며시 허물어지곤 하지 않았던가. 그리고 그것들이 크고 작은 흔적으로 나와 상대방의 가슴에 남아 있을 것이다.

산다는 것은 이어지고 끊어진 약속의 고리들로 이루어진 것일지도 모른다. 또한 서로에게 작은 흔적을 남기며 잠시 스쳐 지나가는 영상 같은 존재가 인간이 아니겠는가. 즉흥적이기는 했지만 아무런 사심 없이 약속하고 맹세했던 그 순수함은 세월과 함께 세파에 찌든 신중함에 밀려나 버렸다. 이제는 창백한 달빛이나 파도 소리가 더 이상 마음을 흔들거나 애절하게 들리지도 않고 내 마음을 휘저어 감상에 빠져들지도 못하게 삭막해져 버렸다. 오늘따라 그런 나 자신이 오히려 서글프다. (2015.)

바다를 품은 산

사랑은 설렘이다. 바다는 늘 나를 설레게 한다. 파도 소리는 종아리를 다독거리던 물결의 기억과 함께 유년을 불러오는 전주곡이다. 파도 소리는 바다에서만 들을 수 있는 것은 아니라서 때때로 잠결에 듣는 빗소리는 먼 바다가 나에게 달려오는 파도 소리가 되기도 한다. 부둣가의 비린내가 그리 싫지 않은 것은 그 냄새와 함께 떠오르는 그리운 얼굴들이 있기 때문일 것이다.

갯가에서 나고 자라서인지 산은 어쩐지 서먹했다. 산은 이웃집 남자 같다고 할까. 잘생긴 이웃집 남자는 쳐다보면 기분이 좋기는 하지만 나와는 별 상관없는 대상이다. 산벚꽃이 만발한 봄이면 그것을 배경 삼아 사진이나 찍으면 될 일이고, 단풍으로 불타는 가을산은 바라보며 드라이브나 하는 정도면 나에겐 충분했다. 바다를 향한 외줄기 사랑을 지닌 나에게 산행이란 이름 있는 절집으로 가는 길목을 통과하는 것이었다. 걷는 것보다 네 바퀴에 의존하기를 좋아하는 게으름이 산에 다가가지 못하는 다른 이유였는지도 모르겠다.

이런 내가 지리산, 그것도 천왕봉에 도전했다. 직장 동료 한 사람이 내가 천왕봉에 오르면 그곳이 너무 좋아 눌러 살고 싶어할 거라 했다. 천왕봉에 대한 호기심을 자극하는 말이었다. 그러나 천왕봉에 오르는 건 나로서는 불가능하다는 것이었다. 불가능이라는 것도 어느 정도 수긍이 가는 말인데도 공연히 오기가 생겼다. 안하는 것과 못하는 것은 다르지 않은가.

등산화에 달랑 손전등 하나를 들고 천왕봉등반에 나섰다. 무모함과 치기였다. 산행에 무지했기에 용감했다. 삼대가 덕을 쌓아야 천왕봉에서 일출을 볼 수 있다는 말을 들은 적이 있어 일출에 대한 욕심까지 챙겨 지리산 아랫마을 산청에 도착한 날은 바람이 몹시 불었다. 동행하는 친구도 산행에 그다지 경험이 없었다. 낯선 숙소에서 웅웅거리는 바람 소리에 거의 뜬 눈으로 밤을 지새우고 산을 향해 나선 것은 새벽 네 시쯤이었다. 다섯 시부터 입산하도록 되어 있었지만 행여나 일출을 볼 수 있을까 해서 미리 숨어들 듯 산으로 들었다.

간밤에 창을 흔들던 바람은 잦아들고 나뭇가지 사이로 스며든 달빛에 산길은 안온했다. 처음에는 손끝이 시리고 볼이 얼얼했지만 초심자가 걷기에도 상쾌했다. 늘 소곤소곤 말을 걸어오는 바다와 달리 산은 말이 없었다. 침묵이 흐를 뿐, 타박타박 발소리로 내가 말을 건넸다.

얼마쯤 걸었을까, 경사가 급해지고 산길은 바위와 바위로 이어지기 시작했다. 산의 진면목이 나타났다는 생각만으로도 숨이 차고 다리가 후들거렸다. 돌아올 생각을 하니 천왕봉을 포기하고 싶었다. 그러나 내려가야 할 바위 길이 더 두려웠다. 곳곳에 도사리고 있는 복병들, 말뚝에 로프로 난간을 삼은 구간을 어렵사리 지나고 나니 이번에는 가파른 계단이 나타났다. 그뿐 아니라 눈앞에 칼 같은 바위가 버티고 있었다.

도저히 더 이상은 오를 수 있을 것 같지 않아 바위를 바라보며 엉거주춤 앉은 자리에서 우리는 일출을 보았다. 아직 천왕봉에 도착한 것은 아니었지만 구름에 가리지 않은 해를 보았다. 그리고 눈앞에 펼쳐진 장관. 운해, 구름바다였다. 끝없이 펼쳐진 것은 물결 굽이치는 바다였다.

산에서 바다를 만나다니. 이것이 을씨년스럽던 초겨울 산의 내밀한 모습이었을까. 산이 드디어 마음을 보여 준 것 같았다. 가슴이 벅차올랐다.

마침내 천왕봉에 올랐다. 바다에서 기운을 얻었기에 가능했는지 모르겠다. 무언가 해내었다는 성취감에 가슴이 뿌듯했다. 그러나 아무 준비가 없어 허기와 갈증에 시달려야 했고 또 산을 내려갈 걱정 때문에 1,915미터라고 바위에 새겨진 정상의 높이가 오히려 가슴을 짓눌렀다.

하산은 어떻게 말해야 할까, 산을 헤매다가 구출되었다는 표현이 적절할 것 같다. 장터목에서 하산하는 코스가 완만하다고 해서 그 길을 택했다. 여러 사람들과 함께 산을 내려가기 시작했다. 올라올 때와 비교하면 길이 그리 가파르지 않았지만 우리 걸음이 너무 느려 모두들 우리를 앞서 가 버렸다. 무작정 아래로 방향을 잡고 한참을 내려갔는데 그만 길이 끊어져 눈앞이 캄캄해졌다.

그때 하얀 옷을 입은 사람이 얼핏 눈에 들어왔다. 산신령님이라도 만난 기분이었다. 그 사람의 도움으로, 그가 거의 끌다시피 해서 산을 내려왔다. 장터목 대피소에 공사가 있어 산을 오르내리는 토목 기사였다. 그는 주로 지름길로 다녀서 정규 코스를 놓친 우리 눈에 띄었던 것이다. 그에게 목숨을 빚졌는지도 모르는데 제대로 고마움을 나타내지도 못하고 헤어졌다.

지리산을 다녀온 후 한동안 산으로는 눈길 한 번 제대로 준 적이 없었다. 산행이 너무 힘들기도 했지만 산을 보면 편협하고 즉흥적이며 거기에 무모하기까지 한 내 모습이 보여 부끄러워졌다.

산이 바다를 품었던가 아니면 바다가 산을 감싸고 있었던가.

산과 바다에 구태여 경계를 만든다는 것이 얼마나 어리석고 부질없는 노릇인가. 어리석은 사람이 머물면 지혜로운 사람으로 변한다는 뜻을 가진 이름, 지리산(智異山). 그 산행으로 어리석은 내 모습을 조금이라도 볼 수 있게 된 것만으로도 그만큼은 지혜로워졌다는 것일까.

국가 백년대계니 원안 사수니 하며 온 나라가 소용돌이 속에 있는 이즈음 나는 가끔 지리산을 떠올린다.

(2009.)

전하지 못한 말

빚 중에서 가장 갚기 어려운 것이 마음의 빚이 아닌가 싶다. 받아야 할 사람이나 갚아야 할 사람이 그것을 빚이라고 인정하지 않거나 빚의 크기를 서로 다르게 인지할 수 있기 때문이다. 그런데 마음의 빚은 물질적인 빚과는 달리 대개의 경우 갚으려는 사람은 있는데 받으려는 사람이 없다.

학창 시절이라고 말하면 나는 먼저 고교 시절을 생각한다. 언제 떠올려도 아련한 추억들로 마음이 볕바른 양지에 들어선 것처럼 따뜻해지는 시절이다. 그러나 친구라는 말에는 항상 대학에서 만났던 한 사람을 먼저 떠올리게 된다.

서울에서 넉넉하게 잡아도 두어 시간이면 충분히 갈 수 있는 곳에 그 친구가 있다. 그는 십여 년 전에 뇌졸중과 비슷한 증상으로 쓰러졌다. 긴 투병 끝에 다행히 이제는 휠체어를 이용할 수 있는 정도로 호전되었다. 그런데 그가 한 달에 한두 번 내게 전화를 걸어온다. 비가 많이 오거나 바람이 심하게 불면 그런 날을 좋아하던 내 생각이 난다고 한다. 꽃이 고운데 매장에 갇혀 있는 내가 답답해할 것이 염려되고 이 불황에 어떻게 버티고 있느냐는 걱정이다. 그런 친구를 지난 십여 년 동안 겨우 두 손으로 꼽을 정도로밖에 찾지 못했다. 그렇다고 그를 잊고 사는 것은 아니다. 마음으론 자주 그곳으로 달려가 그와 손잡고 안개 속을 거닐기도 하고, 언젠가 그와 함께 간 적이 있는 호숫가 근처에 흐드러지게 피어 있던 사과 꽃을 바라보기도 한다. 그런데 현실의 나는 늘 머뭇거리고 미루고 있다.

사십여 년 전 시골에서 올라온 우리는 같은 기숙사에 있으면서 가까워졌다. 시험공부를 한다며 학교 앞 다방 구석진 자리에 앉아 달랑 커피 한 잔을 시켜 놓고 몇 시간씩이나 죽 치고 있곤 했는데, 성실한 그가 수를 놓듯 정성스레 채워 놓은 강의 노트를 빌려 보는 것이 내 시험공부의 시작이고 끝이었다. 학창 시절뿐 아니라 그 후에도 언제나 그는 자신보다 나를 먼저 배려해 주었다. 그래서 곧잘 선량한 그의 성품에 기대게 되었다. 아마 자주 의지하다 보니 익숙한 습관처럼 되어 버렸는지도 모르겠다.

아무 경험도 없이 생활 전선에 나서 매장 하나를 맡아 옷 장사를 시작한 이십여 년 전, 그다지 외모에 관심이 없던 그가 옷이 필요하다며 자주 매장에 들렀다. 제 옷뿐 아니라 친정 여동생을 비롯해 올케들 심지어 그의 교우나 고향 친척들까지 데리고 왔다. 아마 그가 알고 있는 여자는 전부 한번은 그에게 끌려왔을 것이다. 그의 남편 역시 재직하고 있는 대학의 교수나 친구 부인들까지 식사 대접을 해 가며 차로 모시고 왔다. 그런데도 그때 나는 고맙다는 말을 못했다. 뭐랄까, 그는 너무도 당연한 일을 하고 있는 것처럼 행동했고 나는 그에게 마음을 표현하는 것이 왠지 쑥스럽고 어색했다.

매장을 운영한 지 삼 년쯤 지난 어느 날 그가 갑자기 쓰러졌다는 연락을 받았다. 병원으로 가면서 처음으로 그를 위해 내가 한 일이 아무것도 없다는 것을 깨달았다. 그가 깨어나지 못하고 있는 동안 그에게 고마웠다는 말을 전할 수 있는 시간만이라도 달라고 내가 생각해 낼 수 있는 모든 신에게 기도했다. 오랜 혼수상태 후 다행히 그는 의식을 찾았지만 병상에 있는 그에게 내 마음을 전할 수 없었다.

나는 비교적 내 뜻을 잘 표현하는 편이다. 어떤 주제를 놓고 토론을 하거나 결정을 해야 하는 일에는 찬성이나 반대의 의견을 솔직하고 분명하게 드러내어 더러 오해를 받기도 한다. 그런데 이성적인 것과는 달리 감정을 표현하는 데는 이 나이가 되도록 미숙하기 짝이 없다. 그래도 이십여 년 장사를 해서인지 이제는 감사의 표현을 곧잘 하게 되었다. 그런데 아직도 눈시울이 붉혀질 정도의 감동이나 목이 메는 고마움 앞에서는 우물쭈물 말을 뭉개고 머무적거릴 뿐 제때에 마음을 전하지 못한다.

모교에 재직하고 있는 동기생으로부터 메일을 받은 것은 지난 가을이다. 졸업 후 곧 결혼을 하고 한국을 떠난 탓에 나는 대학 동창 모임과 아무런 연결을 갖고 있지 않았다. 내가 유일하게 연락을 하고 지내는 몸이 불편한 그 친구로부터 내 소식을 알았다며 메일을 보내왔다. 독문과 창립 50주년 기념식에 참석해 달라는 것과 함께 전교 1학년 기숙 교육을 위해 기금을 모은다는 내용이었다.

모교에 특별한 애정이나 관심이 없었던 터라 그 소식 역시 무심히 넘기려 했는데 문득 그가 떠올랐다. 그 친구를 만나게 해 준 모교에 감사하고 싶었다. 몸이 불편해 참석하지 못하는 그를 대신해 얼마 되지 않는 액수였지만 그 친구 이름으로 기금을 내었다. 드디어 내가 그를 위해 무언가를 한 것 같아 조금쯤은 행복했다. 그런데 내가 부탁한 비밀이 지켜지지 않았다. 그 일을 전해 듣고 그가 전화를 했다. 그는 내게 "고마워! 내 친구로 남아 있어 주어서 고마워!" 했다. 코끝이 찡해지고 목이 메어 나는 무어라 대답을 못하고 말았다. 이제는 고맙다는 말이 보태어진 마음의 빚까지 안게 되었다.

그에게 고맙다는 말을 하기가 더욱 어려워졌다. 십여 년이 넘도록 마음에 담아 둔 그 말이 쉽게 나오지 않는 것은 가슴에서 끄집어내기에는 그 말의 무게가 너무나 무겁고 그 부피가 너무 커졌기 때문이다.

(2013.)

가변 차선

예닐곱 대의 차가 길 한편으로 늘어서 있고 경광등이 번쩍이고 있는 것으로 보아 교통사고가 난 모양이다. 혹시 사상자가 있을까 걱정스럽다. 나도 몇 해 전에 접촉 사고를 내었다. 남편 회사일이 짙은 어둠에 갇힌 듯 불안하던 나날이었다. 운전을 하면서도 막막하기만 한 내일에 대한 걱정으로 뒤에 오는 차에 신호를 해 주는 것도 잊은 채 차선을 바꾸다가 남의 차를 들이받았다. 순전히 내 실수였다. 다행히 다친 사람도 없고 차도 크게 부서지지는 않았지만, 이 일로 해서 운전에 대해 가졌던 자신감에는 적지 않은 상처를 입었다. 그동안 별 사고가 없었기에 운전이라면 어느 정도 자만심에 빠져 있었는데, 믿었던 운전 실력이란 것이 결국은 편안한 마음을 가질 수 있었던 안정된 생활 덕분이었음을 뒤늦게 깨달은 것이다.

운전하는 것을 보면 그 사람의 성격을 어느 정도는 짐작할 수가 있다고 한다. 나는 운전대만 잡으면 누가 쫓아오기라도 하듯 조급해져서 모든 일에 서두르는 내 성격을 나타내고야 만다. 남편은 나와는 대조적으로 침착하고 신중하다 못해 답답할 지경이다. 휑하니 뚫린 고속도로에서도 제한속도를 넘는 법이 없고, 웬만해서는 앞 차를 추월하려고 차선을 바꾸는 일이 없다. 그가 운전을 하면 마치 장애물이라도 피해 가듯 많은 차들이 우리 차를 앞질러서 참을성이 없는 나는 불평을 늘어놓게 된다. 그런데 이해할 수 없는 것은 '움직이는 교통법규' 같은 그의 차가 가끔 뒤차에 부딪히곤 하는 것이다.

이런 남편이 법을 위반했다. 회사가 어려워져 제때에 상여금을 줄 수가 없었고 회사가 도산되어 퇴직금을 제대로 줄 수가 없었기 때문에 근로기준법에 저촉된 것이다. 불황이 지속되고 수출 업체들이 하나 둘 쓰러지자 주위에서는 회사를 정리하고 얼마간의 재산이라도 챙기는 것이 현명하지 않겠느냐고들 했다. 그러나 남편은 자기가 살기 위해 그동안 자신을 믿고 일해 온 사람들을 버릴 수 없다면서 오히려 새로운 제품의 개발에 더욱 투자를 했다. 연구 개발만이 살아남는 길이라고 믿었던 것이다. 다행히 어느 정도 성과가 있어 대량 주문이 계약되기도 했지만 그의 한정된 자본으로는 역부족이었다. 공장에서 밤을 새워 가며 버텨보려 했지만 결국에는 타고 다니던 자동차까지 팔아 직원들에게 주고 물러나야 했다.

제대로 풀리지 않는 일에 몰두한 나머지 두통으로 인해 잠을 이루지 못하는 남편을 이 년 이상이나 지켜보아야 했기에, 회사가 더 이상 회생할 가망이 없다는 말을 들었을 때는 오히려 잘 되었다는 생각마저 들었다. 회사와 재산은 포기해야 했지만 잃어버릴 것 같았던 남편은 다시 찾았다는 안도감 같은 것이 든 것이다.

그러나 모든 것을 잃은 그에게 남겨진 것은 범법자라는 오명이었다. 나는 그가 자신이 처한 현실을 어떻게 받아들일지 무척 걱정했지만, 그는 의외로 담담했다. 끝까지 남아 일해 준 사람들에게는 미안한 일이지만, 같은 상황이 반복된다고 해도 그로서는 마지막까지 최선을 다하는 것 외에는 다른 길을 찾을 수 없을 것이라 한다.

이제 남편 대신 생활의 운전대를 잡은 나는 초보 운전자처럼 모든 것이 두렵고 조심스럽다. 이십여 년 전 처음으로 운전하던 때를 떠올리며, 남들이 운전하는 것을 마치 살아가는 모습을 보듯 눈여겨본다.

정체가 심해 길게 늘어선 차선을 피해 옆의 차선으로 달리다가 재빨리 끼어드는 얌체가 있는가 하면 차들이 뒤엉키어 복잡한 곳에서 소형차가 대개 양보하기 마련인 버스나 큰 트럭의 뒤에 바싹 붙어 다른 차들보다 빨리 혼잡한 곳을 빠져나가는 차를 볼 수 있다. 그것은 마치 권력에 밀착하여 출세를 하거나 위기를 모면하는 사람 같아서 야비하게 보인다. 그러나 사는 것이 힘들고 어렵게 느껴지는 날에는 더러 그런 사람들이 오히려 부럽기도 하다. 모두들 요령껏 자신의 삶을 엮어 가고 있는데 나 혼자 엉거주춤 서 있는 것만 같이 느껴지기 때문인지도 모르겠다.

도로는 넘치는 차들로 가는 곳마다 크고 작은 사고와 그에 따른 시비로 가득하다. 그래서 여러 가지 해결책이 마련되고 있는 모양이다. 그 가운데 하나가 가변 차선제가 아닌가 싶다. 정체가 심한 도로에서 밀리는 쪽의 차선을 늘려 주어 차량의 흐름을 수월하게 하려는 것인데, 그 구간에는 철책처럼 버티고 있는 황색의 굵은 중앙선이 없다. 대신 황색의 점선이 몇 줄 있어 교통의 상황에 따라 그중 하나가 중앙선이 된다. 교통질서를 유지하기 위해 넘어서는 안 되는 생명의 선이 중앙선인데 가변 차선 구간에서는 그 '절대의 선'이 상황에 따라 바뀌는 것이다.

늘 무심히 지나쳤던 가변 차선 구간에서 어느 날 그 점선들이 마치 벌떡 일어서기라도 한 것처럼 내 시선을 끌었다. 그리고는 나를 혼란에 빠뜨렸다. 그 무렵 나는 남편이 모든 것을 잃고도 범법자라는 게 인정하기가 여간 힘들지 않았다.

교통 체증을 풀어내기 위한 처방으로 신축성 있는 가변 차선이 필요하다면, 불황이라는 경제 체증 속에서 기업인이 지녀야 했을 마음가짐 역시 가변 차선 구간의 중앙선처럼 가변적이어야 했을까. 남편이 남들처럼 차량의 흐름에 따르지 않고 법규만을 고집하다가 뒤차에 부딪히는 사고를 내었듯이 끝까지 자신이 옳다고 믿는 일을 해 나가다가 어쩌면 피할 수도 있었을 경제 사고를 내게 된 것은 아니었을까. 경제 체증 속에서도 하나의 신념만을 지키려던 것이 그를 믿고 기다려 준 사람들에게 피해를 입히고 결국 그는 자신을 범법자로 만들지 않았던가.

신념을 지키기 위해 최선을 다하는 것은 아름답고 용기 있는 일임에는 틀림없을 것이다. 그러나 요즈음처럼 하루가 다르게 급변하는 세상에서 어떻게 사는 것이 남에게 피해를 주지 않고 법을 지키며 사는 길인지 우둔한 나로서는 다만 어지러울 뿐이다.

곡예를 하듯 차선을 바꾸며 거침없이 달리는 차들이 있다. 아슬아슬하다. 그런 차일수록 경적 소리가 요란스럽다. 차선을 지키며 제한속도를 넘지 않으려는 차는 추월당해야 하고, 가변이 체증을 해결해 주는 시대에 우리는 살고 있는 것이다.

그래도 내 아이들이 제 아버지를 자랑스러워한다. 그리고 나 역시 가족의 생계를 위협받게 만든 남편이지만, 그 우직스러움이 부끄럽지는 않다. (1997.)

원점에서

올해는 소띠의 해다. 지난해는 바다 건너서 들어올 소의 고기가 온 나라를 혼란으로 내몰았다. 그러나 기축년 올해는 늙은 소 한 마리가 신년 초부터 ≪워낭소리≫라는 70여 분의 짧은 영화 한 편으로 잔잔한 파문을 일으키고 있다. 소띠인 나에게 이 ≪워낭소리≫는 예사롭지가 않았다.

영화 ≪벤자민 버튼의 시간은 거꾸로 간다≫를 본 것은 ≪워낭소리≫의 여운으로부터 미처 헤어나지 못하고 있을 때였다. "인간이 80세로 태어나 18세로 향하여 늙어 간다면 인생은 무한히 행복해지리라"는 마크 트웨인의 명언에 영감을 얻은 에프 스콧 피츠제랄드의 단편소설을 모티브로 해서 영상화한 것이라 한다.

제1차 세계대전에서 아들을 잃은 시계공이 아들을 잃기 전의 시간으로 되돌아가고 싶은 염원으로 만든 거꾸로 가는 시계가 상징처럼 걸리면서 영화는 시작되었다. 전쟁이 끝나는 날 태어난 벤자민. 그는 남들과 다르게 태어났기에 아버지로부터 버림받아 요양원의 계단에 버려진다. 그와 겉모습이 비슷한 노인들 사이에서 자신이 아이라는 사실조차 인식하지 못하고 성장하면서 점차 외모가 젊어진다. 요양원에 있는 할머니를 방문한 파란 눈의 소녀를 처음 본 순간 그녀에게 마음을 빼앗기고 그녀를 일생 동안 사랑한다. 두 사람은 반복되는 만남과 헤어지는 과정을 통해 사랑을 이루지만, 서로 다른 생체 나이를 살아야 하는 미래를 생각하고 다시 헤어지는 고통을 감내한다. 시간은 흐르고 치매에 걸린 어린아이가 된 벤자민은 그가 자란 요양원으로 돌아온다. 노인이 된 벤자민의 연인은 그를 보살피게 되고 끝내 그녀의 품에서 갓난아이로 생을 마감한다.

역순의 시간대를 살아가는 주인공을 통해 그 역시 시간을 순리대로 사는 보통 사람과 별반 다를 게 없다는 것을 말하고 있었다. 삶과 사랑이라는 우리의 영원한 명제. 영화에서는 넘실대는 파도나 시시각각 밀려드는 폭풍우 그리고 빠른 날갯짓의 모양새가 무한대를 닮은 현재와 미래의 시간을 관통하는 벌새나 삶의 복병인 번개 같은 은유를 통해 시간의 흐름과 외형적인 변화와는 상관없이 영속적 가치를 지니는 것이 무엇인가를 생각하게 해 주었다.

특히 자신의 몸에 문신하는 것으로 예술가의 꿈을 이룬 선장의 심장에 그려진 벌새는 시간을 초월하는 사랑을 암시해 가슴을 뭉클하게 했다. 다소 황당한 설정으로 시작한 영화였지만 두 시간이 넘는 상영 시간 내내 화면에 빠져들었고 영화가 끝난 후에도 한참 동안 일어날 수가 없었다.

시간과 공간을 넘나드는 영화는 종종 보았다. 우주선을 타고 별들의 전쟁을 치르기도 하고 타임머신을 이용해서 과거로 돌아가 역사를 바꾸려는 시도를 해 보는 내용도 있었다. 때때로 나 역시 시간을 지우고 원시로 돌아가 벌거벗은 자연인의 삶을 꿈꾸어 보기도 했다. 그러나 사람의 한평생이 역순의 시간대로 흐르는 것은 내 상상의 범주를 넘어서는 기발한 발상이었다.

80이라는 오래된 육체에 담긴 순결한 영혼, 인간은 육체와 영혼의 결합체라는 것이 영화의 출발점이다. 아이의 영혼과 노인의 육체라는 설정은 영과 육의 분리에서 가능한 이야기가 아닌가. 어쩌면 그것은 터무니없는 상상만이 아닐지도 모르겠다. 때때로 끔찍한 범죄를 태연하게 자행하는 사람을 보면서 인간에게 과연 영혼이 있기나 한 것인지 의심스러울 때가 있다. 아마도 인간에게 영혼이란 깃들어 머물기도 하지만 때로 흔적도 없이 사라지는 게 아닌가 싶기도 하다.

영혼과 육체의 분리가 가능하다는 엉뚱한 상념에 빠지면서 생각은 생각의 꼬리를 물었고 나는 그것을 나 자신에게 대입해 보았다. 그러자 내 영혼의 나이는 얼마나 될지 궁금해졌다.

시간을 거꾸로 사는 것까지는 아닐지라도 생의 어느 한 시점으로 돌아가서 다시 살아 보는 상상을 해 보지 않은 사람이 어디 있겠는가. 가 보지 않았던 길, 시도해 볼 용기가 없어 포기했던 많은 일들을 가슴에 담고 살고 있지만 선택의 기회가 주어진다면 한번쯤은 새로운 삶의 길을 걷고 싶은 것이 나만의 생각은 아닐 것이다.

소의 해, 올해 나는 갑년을 맞았다. 간지로 한 바퀴를 돌아 출발점에 다시 왔으니 원점으로 돌아온 것이다. 육십의 내 육체는 피할 수 없는 현실이지만 영혼은 새로운 시작에 걸맞게 정결한 아이의 것으로 바꾸고 싶다. 순수함에 대한 열망은 그만큼 내가 그것으로부터 멀어져 있다는 것의 반증이 아니겠는가. 남명 조식 선생은 늘 허리춤에 '성성자'란 방울을 차고 그 소리를 들으며 스스로를 돌아보고 경계해 자신을 성찰하려 했다고 한다. 나도 방울 하나를 허리춤에 달고 그 소리를 들으며 비록 낡은 자루에 담았지만 그 순결한 영혼에 얼룩이 지지 않게 살 수 있으면 좋겠다.

판타지 영화는 늘 나를 꿈꾸게 한다. 누군가 꿈은 이루어진다고 말하지 않았던가.

워낭소리가 아직도 귓가에 맴돌고 있다. (2009.)

황혼의 홀로 서기

모처럼 짬이 나서 혼자 패키지여행 팀에 합류했다. 영화 〈인도차이나〉를 본 후 염두에 두고 있었던 베트남 북부를 행선지로 잡았다.

몇 해 전부터 남편의 동의를 얻어 혼자 여행을 다닌다. 업무로 해외여행이 잦은 편인 남편과는 시간을 맞추기가 어려워 틈이 나면 혼자 다녀오곤 한다. 때로 말동무가 없어 적적하기도 하지만 여러 사람을 두루 접할 수 있고 다른 부부 사이에 슬며시 끼어들어 그들을 훔쳐보는 재미도 꽤 괜찮다.

이번 여행은 출발이 설날 저녁인 탓인지 팀이 조촐했다. 눈만 마주치면 아내 자랑을 하던, 중국에서 사업을 한다는 부부와 여행 하루 전에야 출발을 알려 주었다며 연방 남편을 타박하던 부부,

그리고 음담패설조차도 재치 있게 해 편하게 웃게 해 주던 자매 부부도 있었다. 또한 아직도 김이 모락모락 날 것 같은 따스한 눈길로 남편을 바라보며 이야기를 주고받던 중년 부부, 출발할 때 지각을 해 여행사 직원을 애태우게 하던 초로의 부부, 이들과 어울리는 것이 자연스레 내 일정에 포함되었다.

세계 8대 비경의 하나인 하롱베이. 이른 아침 멀리서 바라보니 안개에 갇힌 하롱베이는 한 무리의 새떼가 날개를 펼치고 서 있는 것 같았다. 안개가 걷히니 잔잔한 물결 위에는 바위섬들이 거대한 조각 공원을 이루고 있었고, 바위들이 너무나 당당하게 서 있어 오히려 긴장감이 돌게 하는 그런 형상이었다. 그러나 그 가장자리에는 잔잔한 물결이 새겨 놓은 세월의 흔적이 뚜렷이 남아 있었다.

서울로 돌아오는 길은 넉넉한 인내심이 필요했다. 며칠간 낯선 땅을 배회하고 나면 공연히 서둘러 집으로 돌아가고 싶어지는데, 비행기가 한 시간 반이나 늦게 출발했고, 인천공항에 안개가 짙게 끼어 김해공항에서 다시 네 시간을 기내에서 대기하고 있어야 했던 것이다.

남자들은 잠을 청하는 쪽을 택했는지 흩어져 있었고 며칠 사이 낯이 익은 여자들은 모여 앉아 이야기로 무료함을 달랬다. 그런데 "돌아가면 우리는 이혼할 거예요"라는 말을 하는 이가 있어 딴 생각에 잠겨 있던 나를 놀라게 했다. 이혼이란 예사롭게 털어놓을 말도 아니지만 그의 표정이나 말투가 너무나 담담해 더욱 놀라웠다. 출발할 때 늦게 온 바로 그 부인이었다. 캠퍼스 커플로 유명했다는 그들 부부는 서로 말문을 닫고 산 지가 오래되었다고 했다. 함께 여행을 온 걸 보니 그래도 희망이 보이지 않느냐, 다시 부인이 먼저 다가가 보는 게 어떻겠느냐 하는 말들을 주고받은 뒤 우리는 헤어졌다.

'황혼 이혼'이라면 오랜 세월 육체적이나 정신적인 학대나 불륜을 그 근거로 생각했던 나에게 여행을 함께하며 결혼 생활을 끝내려 하는 그 부부는 의외였다. 더구나 그들 부부의 모습에서 이혼이라면 연상되는 슬픔이나 고통의 흔적 같은 것은 보이지 않았다. 이미 해 질 녘에 와 있는 나이에 익숙한 등을 밀어내고 홀로 서기를 선택한다는 것은 무엇을 의미하는 것일까. 황혼의 나이에 부부란 서로에게 무엇이며 또 어떻게 살아야 회한 없는 삶의 마무리가 되는 것일까.

젊은 날의 열정으로 두 사람은 부부로 엮인다. 아이를 낳고 기르며 부모로서의 역할과 그 의무를 다하는 동안 대부분의 부부는 어느덧 사랑이라고 부르기에는 왠지 낯간지러운 무덤덤한 사이가 되고, 연민과 체념을 에둘러 정이라고 생각하며 살아간다. 아이들이 자라 제 둥지로 떠나간 후 어느 날 문득 살아온 날들이 무릎이 꺾일 만큼 허망하게 여겨지기도 하고, 사회적인 관습이나 경제적인 여건으로 들추어 내지 못했던 자신의 정체성이 슬며시 고개를 들기도 하지만, 남아 있는 날들이 얼마 되지 않는다며 자신을 다독거린다. 그리곤 가족의 울타리에 자신을 안주시키고 행여 갈등이라도 튀어나올까 조심하면서 서로의 어깨를 감싸며 살아간다. 이것이 내가 알고 있는 부부의 모습이며 노후의 생활이고 우리의 미덕이다.

그러나 이제 수명이 구십을 바라보고 신체적으로 칠십도 건강한 생활을 하기에 무리가 없는 시대에 우리는 살고 있다. 앞으로 살아가야 할 날들을 얼마 남지 않은 덤으로 치부하기에는 너무나 긴 시간이 아닌가. 결혼으로 지워졌던 의무와 역할이 어느 정도 마무리되고 처음 시작할 때처럼 두 사람만 남게 되는 황혼기. 황혼이란 빛이 어둠에 스며드는 시간이다. 바쁜 행보를 슬며시 사색으로 옮겨 가는 것이 저물녘이다.

인생의 황혼기란 지나온 시간을 반추하며 자신의 내면을 진솔하게 바라보아야 할 때에 이른 것임을 말하는 것이 아니겠는가. 이제는 서로에 대해 누구보다 잘 알고 있는 두 사람, 긴 세월 고락을 함께하며 어쩔 수 없이 묻어야 했던 내면의 욕구와 서로 다를 수도 있는 가치관에 대한 정직한 대화를 나눌 수도 있을 것이다.

누구도 대신해 줄 수 없는 삶의 여정. 황혼에 이른 부부는 이제 서로의 관계와 남은 시간을 의논하고 계획하는 것이 삶의 보다 나은 마무리를 위한 순서가 아닐는지.

그러나 부부가 다정히 노후를 맞이하면 더할 나위 없이 보기에 좋겠지만, 부부의 묶음을 풀고 홀로 서기를 하는 노후 역시 당당한 삶의 모습으로 편견 없이 받아들여야 할 때가 온 것은 아닌지 모르겠다.

(2007.)

상실의 무늬

세밑이었다. 딱히 설명할 길은 없지만 무언가 아쉽기도 하고 누군가가 그립기도 하면서 자꾸 뒤돌아보게 되는 날이었다. 하늘마저 나직이 가라앉아 눈이 올 것 같았다. 우울한 기분을 떨쳐버리려고 고객들에게 연말 인사 문자를 띄웠다. 더러 답을 보내오기도 했다.

휴대폰이 울렸을 때는 그 사람들 중 한 분이려니 하고 무심히 받았다. 그런데 전화기를 통해 들려오는 건 흐느끼는 소리 뿐이었다. 한참을 기다리게 하더니 "여의도 언니 아시죠?" 하고 물었다. 잘못 걸려온 전화인 것 같은데도 그대로 끊어 버리기에는 마음을 잡는 것이 있었다. 기다렸다. 내가 일하고 있는 매장 상호를 말하며 확인하는 걸로 보아 나에게 온 전화인 건 확실했다. 여의도에서 오는 고객을 몇 분 떠올리며 잠자코 있으니 울먹임과 함께 "돌아가셨어요.” 했다. 이번에는 내가 놀라서 말까지 더듬게 되었다.

“누, 누가요?”

우리 매장에 다닌 지는 그리 오래되지 않은 고객이었다. 그러나 유난히 정이 많은 성품으로 자주 들러 살갑게 대해 자연스레 가까워졌다. 그의 친구가 내 친구가 되고 멀리 지방에 살고 있는 그의 동생이 피붙이같이 여겨지기도 했다. 샌드위치를 만들어 오기도 하고 다른 매장에서 산 옷을 보여 주러 온 적도 있었다.

그가 떠났다는 것이다. 사고가 아니고 급성 혈액 암으로 투병도 제대로 해보지 못했다고 한다. 채 육십도 안 된 건강하던 사람이라 죽음이 믿기지가 않았다. 탄탄한 기업체를 가진 남편과 영화감독인 아들이 뒤에 서고 돌잡이 손자를 무릎에 앉힌 그가 며느리와 미국 유학에서 갓 돌아온 예쁜 딸을 바라보며 동그랗게 둘러앉아 찍은 가족사진을 보여 준 게 바로 얼마 전이었다. 가족이 한자리에 모이기가 힘들어 기념 촬영을 했다고 말할 때 그의 얼굴에 번지던 자랑스러움이 아직도 눈앞에 선하다. 온화하던 그의 마음이 가족들의 가슴에 사진보다 더 선명하게 새겨져 있을 것이다. 급하게 떠난 그가 가족에게 주었을 상실감이 고운 문양이 되어 사노라면 더러 맞게 되는 가슴 시린 날을 포근히 위로해 주면 좋겠다.

옷 장사를 한 지가 20년 가까이 되니 더러 고객이 세상을 떠났다는 소식을 접하기도 했지만 마음에 자리 잡은 크기에 따라 오는 충격이 사뭇 다르다. 여의도 고객의 소식에 허탈한 심정이 되어 한동안 일이 손에 잡히지가 않았다. 그런데 불현듯 떠오르는 것이 있었다. 육만 칠천사백 원. 한동안 잊고 있었는데 그 숫자가 확실하게 기억나는 것으로 보아 나에게 상당히 부담이 되었던 모양이다.

벌써 10여 년 전의 일이다. 내가 매장을 몇 번이나 옮겼는데 그때마다 멀리서도 찾아오는 고객 중의 한 사람이었다. 그는 러시아에 유학중인 아들을 무척 그리워하며 아들 이야기를 자주 했다. 소유하고 있는 토지가 많아 세금 때문에 전전긍긍하던 분이었다. 가끔 사 간 옷이 마음에 들지 않아 다른 옷으로 교환했는데 그때마다 카드를 취소하고 다시 찍는 게 번거롭다며 차액을 남겨놓곤 했다. 마지막으로 그가 다녀간 후 일 년쯤 지난 어느 날 우연히 매장을 지나치던 그의 친구가 소식을 전해주었다. 그와 함께 매장에 온 적이 있었던 모양이었다. 그 고객의 남편이 대학 병원 교수였다고 했다. 신체검사에서 초기의 암으로 진단이 나왔는데 그것이 그를 죽음으로까지 몰고 갈 줄은 몰랐다면서 "재산이 많으면 뭘 해. 간 사람만 불쌍하지…." 여운을 남기는 말이었다. 그의 죽음에 대한 충격은 기억이 희미하다. 그러나 그에게 전해 줄 수 없었던 육만 칠천사백 원이라는 금액은 아직도 똑똑히 기억나는 것으로 보아 상당히 나를 부담스럽게 했던 것 같다. 내가 특별히 정직해서라기보다 늘 돈에 연연해하던 사람이라는 기억 때문이었는지 그 돈을 돌려주지 못하는 게 마음의 짐으로 오랫동안 남아 있었다.

비록 고객으로 만나기는 했지만 마음의 거리가 좁혀진 사람의 죽음이 늘 그러하듯 여의도 고객의 죽음에서 한동안 벗어날 수가 없었다. 터무니없이 생전에 전화 한번 안 해 준 것에 대해 화가 나기도 했다가 스스로도 믿기지 않았을 자신의 상태에 절망했을 그가 가엾어서 가슴이 저리기도 했다.

나를 믿고 오랜 기간 거래를 해 준 사람에 대한 고마움을 생각하면 여의도 고객보다 교수 부인이었던 고객에 대한 상실감이 훨씬 커야 하리라. 그러나 부재에 대한 상실감과 고마움은 서로 다르게 기억 속에 저장되는 모양이다.

우리는 만남과 헤어짐 속에서 살고 있다. 나는 직업상 많은 사람을 대한다. 상품을 사이에 두고 맺는 인간관계라는 것이 숫자로 환산되는 가벼운 것이기 마련이다. 그래도 때론 유난히 깊은 인상을 남기며 만나게 되는 사람이 있다. 이해관계를 뛰어넘어 정으로 연결된 사람들이다. 그리고 그 정에도 다양한 온도와 문양이 있어 사람마다 다른 흔적을 남긴다.

언젠가는 나 역시 그들을 떠날 것이다. 나에게 그들이, 그들에게 내가 남길 상실의 무늬를 생각해 본다. 어느 날 문득 떠올라 마음이 따뜻해지는 고운 무늬였으면 좋겠다. (2011.)

가족사진

나이가 들면 웬만한 일에 놀라거나 겁을 먹는 일이 줄어들 줄 알았다. 그런데 나는 아직도 남들은 재미있게 바라본다는 불구경은 말할 것도 없거니와 고함 소리만 들려도 우선 멀리 피할 궁리부터 하게 된다. 늘 그런 건 아니지만 내가 살고 있는 집조차도 빈 공간이 주는 막연한 두려움이 일 때가 있다. 남편이 출장을 가거나 외출중일 때 깜깜한 현관을 들어서면 공연히 가슴이 두근거리고 마른 침을 삼키게 된다. 그런데 환하게 불이 밝혀지면 눈에 가장 먼저 들어오는 것이 가족사진이다. 순간 빈 집에 대한 두려움이 가시면서 안도감에 나도 모르게 사진을 향해 "나 왔어!" "안녕!" 같은 말을 중얼거린다. 그뿐 아니다. 이른 아침 미처 눈곱도 떼지 않고 운동 가방을 들고 서둘러 현관을 나서다가 문득 뒤를 돌아보면 사진 속의 내가 빙긋이 웃는 것 같아 추레한 내 모습을 다시 보게 된다. 이렇게 몇 년을 들며 날며 사진을 쳐다보며 주절대다 보니 어느 때는 내가 정신적으로 문제가 생긴 게 아닌가 싶기도 하다.

오년 전 작은아이가 결혼과 함께 분가하고 얼마 지나지 않아 지금 살고 있는 집으로 이사를 했다. 대단지 아파트를 떠나 한적한 동네로 옮겨 온 탓인지 전에 살던 집보다 더욱 적막하게 여겨졌다. 내가 하는 일이 주말을 따로 챙길 수 없는 것이어서 한 달에 두 번 가족 모임을 가져왔다. 아이들과 주기적으로 만나고 있으면서도 아이들의 부재는 마음에 빈 공간을 만들어 그 공간을 사진을 보면서 채우는 것일까. 아니면 젊은 한때에 시선을 고정시키고 그 시절로 되돌아가고 싶은 마음을 조금씩 풀어내고 있는 것인지 나 자신도 사진에게 말을 하는 내 짓거리를 이해하기 힘들다.

아마도 삼십 년은 족히 되었을 사진이 현관과 마주 보는 벽에 걸리게 된 것은 내가 매사에 너무 안일하게 대처하는 성격인 탓이기도 하지만 이사하던 날의 어수선함에서 얼른 벗어나고 싶었던 게 아니었나 싶다. 보름 남짓 집수리를 하는 동안 한 번도 와 보지 않고 벽지도 인테리어 하는 분의 재량에 맡겼다. 내부를 환하게 해 달라는 부탁만 해 두었다. 그런데 막상 이사를 와 보니 포인트를 주었다는 한쪽 벽면의 색상이 너무 어두워 보여 화사한 그림

한 점을 걸어야겠다고 생각했다. 우선 눈앞에 놓여 있던 사진을 임시로 걸었는데 아마 처음 찍은 가족사진일 것이다. 그 후 이사하는 날 창고에 넣어 준 짐을 다시 정리해 그림을 찾아야 했으나 차일피일 미룬 게 벌써 몇 년이 흘러가 버렸다. 그런데 오랫동안 사진을 걸어 두고 보니 그곳이 가족사진을 걸기에 가장 적합한 것 같았다.

내 방과 가장 가까운 위치라 자주 쳐다보게 되는데 어느 날은 사진 속 젊은 내가 늙은 나를 측은하게 바라보는 것도 같고 또 어떤 때는 어린 아들들이 허둥거리는 어미를 쳐다보는 눈 속에 연민이 가득 담겨 있는 것처럼 보이기도 한다. 물론 그날그날의 내 마음의 모양새에 따라 달리 보이는 것뿐이라는 것을 모르지는 않는다.

사진의 구도는 남자 셋을 앞에 앉히고 내가 뒤에 서 있는데 지금 보니 여간 어색하지 않다. 표정 또한 우스꽝스럽다. 아마도 "김치이"나 "치이즈"를 외치면서 입모양을 만들었겠지만 입 꼬리는 어정쩡하게 말려 올라가 있고, 어깨를 꼿꼿이 세우고 앉고 서 있는 품새가 꾸중 듣는 학생들 형상이다. "이쪽으로 보세요." "움직이지 마시고 눈은 크게 뜨고 턱은 안으로 넣고…." 사진사의 주문에 따라 몇 번이나 숨을 죽이고 렌즈를 쳐다보느라 눈이 시려 깜박거리게 되는 것을 여러 차례 반복하는 동안 거의 울음보라도 터뜨릴 것 같은 얼굴이 되어 버린 막내의 표정이 그대로 드러나 있는 사진이다.

그즈음에 우리는 해마다 연례행사처럼 가족사진을 찍기 위해 사진관에 갔다. 무슨 특별한 이유가 있었는지 모르겠지만 몇 해를 그렇게 사진을 찍고 달력을 바꾸듯 사진을 바꾸어 걸어 두곤 했다. 그러나 집을 줄여 이사를 한 후 이십여 년 동안 가족사진의 단란함은 창고 안 어둠 속에서 숨죽이고 있었다.

아이들의 결혼과 출산으로 가족 행사도 많아지고 또 스마트폰으로 손쉽게 사진을 찍을 수 있게 되어 그동안 무수한 사진을 찍었다. 그러나 가족이 함께 사진관을 찾아가자는 이야기를 다시 꺼낸 것은 지난해 연말 큰아이가 외국 지사로 발령이 났을 때였다. 그 사이 가족의 수도 넷에서 아홉으로 불어나 서로 시간을 맞추는 것도 쉬운 일이 아니었다. 예전 같으면 아버지의 말 한마디면 충분했지만 이제는 저마다의 약속과 계획에 따라 절충해야 했고 또한 사진관을 정하는 것도 인터넷과 연결된 아이들의 합리적인 소비 패턴에 맞추어야 하니 부모는 자연히 뒤로 처지게 되었다.

딱딱한 정장은 번거로우니 편안한 캐주얼 차림으로 의견이 모아졌고 윗옷의 색깔은 통일했으면 좋겠다는 며느리의 의견을 좇아 하얀색으로 정하고 다섯 달된 손자만 빨강색 옷을 입혀 귀여움을 돋보이게 했다. 그날 우리는 수십 커트의 사진을 찍었다.

며칠 전에 그날 찍은 사진 파일을 받았다. 그 사진을 벽에 걸린 사진과 비교하니 세월의 흐름이 한눈에 보인다. 중학생이었던 큰 아이는 두 딸을 둔 중년 가장이 되어서 제 가족에 둘러싸여 있고, 초등학생이었던 막내는 아들을 안고 흐뭇한 얼굴을 하고 있다. 세월의 강이 굽이굽이 돌아 젊었던 어미의 팽팽하던 피부는 돌을 매단 듯 축 늘어져 있고 삶의 고비고비마다 아이들이 마주쳐야 했던 격랑이나 소용돌이는 성장의 아픔으로, 더러는 상처로 세월의 강에 침전되어 어미의 눈에는 그 흔적이 보인다.

문득 지난해 알래스카 여행 중에 어느 민박집에서 보았던 액자가 떠올랐다. 어린아이의 것부터 차례로 크기가 커지는 낡은 운동화와 구두들이 액자에 담겨 벽에 걸려 있었다. 아들이 신었던 신발들이라 했다. 가슴이 뭉클했던 기억이 있다.

부모란 자식들 발길이 닿는 곳이면 어디든 마음이 따라간다. 타지에 나가 살고 있는 자식들의 사진을 조각보처럼 모아 붙여 안방 벽에 걸어 두고 들며 날며 사진에게 안부를 묻곤 하시던 우리 할머니. 이것도 유전인가. 나 역시 때때로 사진을 보며 마음을 다독인다. 어쩌면 가족사진이 나에겐 흩어지려 하는 마음을 이어 붙이는 이음표이거나 잠시 쉬어 가는 쉼표인지도 모르겠다.

먼 훗날 가족사진에 아이들의 눈길이 머물면 사람살이의 고단함을 잠시 내려놓게 되었으면 좋겠다. (2015.)

Chapter 3

사람과 사람의 거리

그와 나의 마음의 거리랄까, 정서적 거리 같은 것이었다. 사람과의 교류로 생기는 정이라는 따뜻한 등불 같은 감정. 그것은 우리를 너그럽고 부드럽게 만들고 마음의 거리를 가깝게 해 준다. 그러나 마음의 거리가 너무 좁아지면 서로를 제대로 볼 수가 없고, 또 터무니없이 편협하게 만들어 감정 추돌 사고를 일으키게 되는 게 아닌가 싶다.

거울을 닦듯이

낯선 사람이 매장에 들어오면 "어서 오세요"라는 말이 자연스레 나온다. 처음에는 그렇게도 쑥스럽던 말이 이제는 녹음이라도 해 둔 것처럼 반사적으로 나올 만큼 나는 많이 변했다.

몇 년 전 나는 생활에 떠밀려 직장을 갖게 되었다. 여성의류 매장의 중간 관리자라는 직책, 쉽게 말하면 옷을 파는 일이었다. 내가 평소에 생각하던 일과는 거리가 있었지만 그때로서는 달리 선택의 여지가 없었다.

내 성격은 다분히 직선적인 편이다. 듣기 좋게 말하면 솔직한 편이라서 소위 '표정 관리'라는 것을 제대로 못한다. 한결같이 상냥하기도 어렵거니와 마음에 없는 말을 하기는 더욱 쉽지가 않다. 그러나 다행히 나의 솔직함이 고객에게 어느 정도 신뢰를 갖게 하는지 우려했던 것보다는 마음 편하게 일할 수 있었다. 어울리지도 않는 옷을 무리하게 팔려고 설득하기보다는 나에게 보여지는 그대로 말해 주면 대개는 다시 찾아오곤 한다. 그리고 체형의 결점을 보완할 수 있는 옷을 권하면 판매가 곧잘 이루어져서 이제는 어느 정도 일에 대해 자신감을 갖게 되었다.

그런데 이태를 넘기면서 나에게는 묘한 버릇이 생겼다. 사람을 대하면 예사로 보지 못하고 그의 체형에 대한 결함을 찾아내려 애쓰는 것이다. 또 급작스레 기울어진 가세 때문에 옹졸해졌는지 툭하면 화를 내고 사소한 일에도 자존심을 내세웠다. 그렇지 않아도 약간은 비판적인 성향이 강한 편이었는데 매사를 그렇게 부정적으로 대하다 보니 자연히 얼굴이 어둡고 찌푸려질 수밖에 없었던 모양이다. 점차 그런 내 모습이 싫어졌다. 또한 내 직업에 대해서도 회의가 들기 시작했다.

언제 떠올려도 기분이 좋아지는 사람이 있다. 지난 몇 년간 만난 적이 없어 한동안 잊고 지냈는데 내 우울한 마음이 자연스레 그를 생각하게 했던 것 같다. 그는 이십여 년 전 내가 살았던 호주에서 만난 남편 친구의 부인이다.

나는 결혼 후에 바로 남편을 따라 호주로 갔다. 그때의 호주는 그야말로 '멀고 먼 남쪽 나라'였다. 짙푸른 태평양의 물빛에도 나고 자란 고향의 바다가 떠올라 눈물짓곤 하던 나는 같은 대학을 나오고 나이도 같은 그와 쉽게 가까워져 둘도 없는 친구가 되었다. 마침 사는 곳도 가까워 공부하랴 직장에 나가랴 잠시도 틈을 낼 수 없는 남편들을 제쳐 두고 우리는 늘 붙어 다녔다. 이 집 저 집 오가며 함께 점심을 먹고 찬거리를 사러 어울려 다녔다.

그러면서도 때때로 그를 이해하기가 어렵다는 생각이 들 적이 있었다. 서로 가깝다는 것은 무엇인가, 서로에게 마음을 열어 놓는 것이 아니겠는가. 나는 그가 친동기간 같아 더러 남편의 허물을 늘어놓기도 하고 또 이국 생활의 외로움을 하소연하기도 했다. 그런데 그는 한번도 그의 남편이나 자신에 대한 이야기를 하는 법이 없었다. 또한 불평이 많은 나와는 달리 눈앞에 있는 모든 것이 아름답고 만나는 사람은 모두가 선량하다고 믿는 것 같았다. 그에게는 도무지 투덜거릴 일도 없고 미워할 것도 없는 것처럼 보였다. 그러니 그와는 더불어 즐거워할 일은 있어도 함께 괴로워하거나 걱정할 일은 찾기 어려웠다. 그렇게 생각해서인지 우리 둘 사이에 무언가 설명하기 어려운 거리가 있는 것 같았다. 그렇게 그와 십 년 가까이 알고 지낸 후에 나는 남편을 따라 귀국했다.

고국으로 돌아온 이듬해에 둘째아이를 낳아 병원에 입원해 있을 때였다. 뜻밖에도 그에게서 전화가 왔다. 잠시 귀국해 전주에 있는 친정집에 머무는데, 만나고 싶지만 서울로 올라갈 수가 없다며 무척 안타까워했다. 나 역시 서운했지만 전화 통화로 그칠 수밖에 없었다.

몇 년 후 내가 다시 호주로 갈 기회가 있어 그곳에서 그를 오랜만에 만났다. 반가움이 마음의 거리를 좁혀 준 것이었을까. 그는 자신에 대한 이야기를 처음으로 꺼냈다.

어린 시절 부모님의 이혼으로 입게 된 마음의 상처, 동생들 앞에서 어머니에 대한 그리움을 드러내지 않으려고 남몰래 숨어서 울곤 했던 일이며 이복동생과 친동생들의 사이가 좋지 않아 장녀로서 속을 끓여야 했던 지난날들을 돌이키며 그의 목소리는 젖어 들었다. 한번은 학교로 찾아온 친어머니를 만나고 늦게 귀가한 적이 있었는데 아버지께 심한 꾸중을 들었지만 그 후로도 행여 어머니를 다시 만날 수 있을까 싶어 방과 후에도 운동장을 맴돌곤 했었다는 이야기는 나 역시 눈시울을 붉힐 수밖에 없었다. 그날 이후 다시는 어머니를 볼 수가 없었다고 했다. 그리고 지난번에 귀국을 해서도 나를 만나러 올 수 없었던 것은 의붓어머니가 상경을 말렸기 때문이라 했다. 혹시라도 서울에 살고 있는 친어머니를 찾아가지 않을까 염려하는 그분의 마음을 거슬리고 싶지 않아서였다는 것이다. 그러면서도 그는 모든 것이 기른 딸에 대한 애정이 아니겠느냐고 담담히 말했는데, 그렇게까지 다른 사람을 배려하는 그를 납득하기가 쉽지는 않았지만 경이롭기도 했다.

누구나 성장기를 통해 크든 작든 저마다의 아픔을 겪기 마련이겠지만 친모와 계모 그리고 친형제와 이복형제 사이에서 그가 부딪쳐야 했을 수많은 갈등은 생각하는 것만으로도 버겁다. 그러나 그는 천성적으로 따뜻하고 마음결이 고운 사람이었는지도 모른다. 불우한 가정환경 때문에 자칫 어둡게 변할 수도 있는 자신을 지켜 나가기 위해 매사를 긍정적으로 생각하고 모든 것을 밝게만 보려고 했던 것은 아니었을까.

삶이란 자신의 의지로 짜나가야 하는 피륙 같은 것. 그 색조나 무늬는 온전히 자신의 선택에 의해 만들어져 간다는 것을 슬기로운 그는 일찍부터 깨달았던 모양이다. 얼굴은 마음의 거울이라 한다. 긍정적인 사고와 따뜻한 마음을 가지지 않았더라면 그의 얼굴이 그토록 밝을 수가 있었겠는가. 한 인간을 이해하는 데 이토록 오랜 시간이 필요했던 것은 아마도 내가 우둔했던 탓일 것이다.

그를 거울삼아 나를 바라본다. 내가 처한 현실에 대한 불만을 애꿎게도 내가 하고 있는 일에 연결시키려 들지 않았던가. 따지고 보면 내가 어려웠을 때 주위의 따뜻한 배려로 주어진 이 일이 아니었다면 내가 지금 이만큼이라도 일어설 수 있었겠는가. 나를 역경에서 일으켜 준 이 일에 대해 부정적인 모든 것을 그것에 전가시키려 하지 않았던가.

이제는 매장에 고객이 들어오면 체형의 결함 대신 그의 장점을 찾으려 노력해야겠다. 장점에 대한 칭찬이 고객의 얼굴을 밝게 만들고 그 밝은 얼굴이 내 마음의 어둠도 가시게 해 자연스레 내 표정도 밝아지지 않겠는가. 그리고 내 표정이 누군가의 마음속에 드리운 그늘을 걷어 낼 수 있다면 얼마나 좋겠는가.

먼지 낀 거울을 닦듯이 요즈음 날마다 마음에 가득 웃음을 짓는 연습을 한다.

(1996.)

1%의 우정

한바탕 돌풍이 겨울을 휘몰아 가는가 싶더니 봄 햇살마저 바람에 밀려나 마음이 움츠러드는 날이다. 20년 가까이 같은 건물에서 장사를 해 오던 친구가 불황에 더 이상 버틸 수가 없다며 매장을 정리해야겠다고 한다. 불안한 나머지 미래를 예측한다는 곳을 몇 군데 가 본 모양인데 가는 곳마다 하루 빨리 매장을 접으라며 심하게는 죽을 운이라는 극단적인 말까지 하더란다. 마음이 흔들린 친구는 그들이 시키는 대로 하겠다는 뜻을 비친다. 역술이나 점괘 같은 것을 믿지 않는 나는 설마 하는 심정으로 한 군데 더 가 보고 결정하라고 부추겼다.

그런데 결과적으로 비틀거리는 사람을 밀어 버린 격이 되고 말았다. 경기에 대한 확신도 없을뿐더러 가는 곳마다 같은 말을 들었다고 하니 더 이상 그를 만류할 수도, 그렇다고 계획도 없이 일을 접는다는 데 무턱대고 동의할 수도 없었다. 누군가의 글에서 읽은 기억이 난다. 운명의 뚜껑을 미리 열고 우리가 맡을 수 있는 건 비린내뿐이라 했던가? 몇 해 동안의 적자로 마음 편히 쉴 여유가 없는 걸 알지만 내가 할 수 있는 것은 고작 용기를 잃지 말라느니 어떤 어려운 날들도 반드시 지나간다느니 하는 너무나 상투적인 말뿐이다. 생각다 못해 잠시 머리도 식힐 겸 함께 영화를 보러 갔다.

≪언터처블≫, 일명 ≪1%의 우정≫이라는 제목이 우선 마음을 끌었다. 지금 친구가 처한 상황에 대해 내가 할 수 있는 무언가를 암시해 줄 수도 있지 않을까 하는 조금은 엉뚱한 희망을 가지고 영화를 보았다. 그리고 영화로 인해 잠시 마음이 따사로워지고 행복했다. 지금도 몇 장면을 떠올리면 실없는 사람처럼 혼자서 웃곤 한다.

영화는 두 남자가 장난삼아 경찰을 따돌리는 것에 내기를 걸고 곡예를 하듯 과속 운전을 하는 것으로 시작한다. 사전에 연습이라도 한 것처럼 경찰을 속이는 데 두 사람의 호흡이 척척 들어맞는다. 그리고 이내 그중 한 사람이 장애인이라는 것이 드러난다. 전혀 어울릴 것 같지 않은 두 사람이 운명처럼 엮이고 가까워지는 과정을 그려 놓은 영화다.

가진 것이라고는 건강한 육체뿐인 무일푼 백수 흑인 청년 드리스는 실업수당에 필요한 서류를 만들기 위해 전신불구 백만장자 필립을 돌봐 줄 사람을 구하는 자리에 온다. 그러나 다혈질이고 참을성이 없는 그는 차례를 기다리지 못하고 불쑥 뛰어들어 자기가 필요한 것만 요구한다. 거침없는 그의 태도에 호기심을 느낀 필립이 특별한 제안을 한다. 2주 동안 그의 곁에서 시중드는 것을 견딜 수 있는지 시험해 보자는 것이다.

오기가 발동해 엉겁결에 그 제안을 수락한 드리스. 조심성 없고 제멋대로인 드리스는 하는 일마다 실수를 저지르지만 자신을 장애인이 아니라 다른 사람과 별 다름없이 대해 필립에게는 오히려 편안하다. 순간순간 예측할 수 없는 돌출 행동으로 필립에게 웃음을 찾아 주고 살아 있다는 것을 느끼게 해 주어 식물처럼 살아가던 그는 생의 활기를 되찾는다. 드리스 역시 필립으로 인해 난생 처음으로 자신이 접할 기회도 없고 이해할 수도 없었던 문화를 만나고 마침내 자신의 내면 풍경을 그림으로 표현하기도 한다. 둘이 점점 가까워지면서 서로에게 마음을 열게 되는데, 필립은 패러글라이딩 사고로 전신에 감각이 없는 지경에 이르렀지만 자신의 장애는 사랑하는 아내를 잃고 그녀 없이 살아가야 한다는 것이라고 말한다. 필립의 고백을 통해 장애란 무엇인가를 생각하게 해 주는 이 장면이 영화가 표현하고자 하는 것을 단적으로 나타낸 것이 아니었나 싶다.

필립의 신체적 장애는 돈으로 해결하면서 살아갈 수 있었지만 치유하기 힘들었던 내면의 장애는 드리스와의 우정에 의해 점차 회복된다. 필립의 버팀목이 된 드리스. 그러나 필립은 드리스의 미래를 위해 그를 떠나보내고 그 자신은 늪에 빠진 듯 몸 상태가 전보다 더 나빠진다. 필립에게 다시 돌아온 드리스는 필립이 펜팔로 알아 사랑하게 되었지만 현실적으로 맺어지는 것은 체념하고 있는 여인과 만날 수 있도록 용기를 주고 자리를 주선하는 것으로 영화는 끝이 난다.

사회적인 지위나 빈부의 차이를 떠나 인간 대 인간의 만남을 가능하게 했던 그들의 순수한 영혼에 몰입되어 그들과 함께 웃고 또 가슴을 쓸어내리기도 했다. 마지막 자막을 통해 이 영화가 실화를 근거로 하고 있다는 것을 알게 된 순간 벅차오르는 감동은 뭐랄까, 꽃비 내리는 정취 속에 있는 것 같아 나도 모르게 눈가가 젖어 들었다.

이 영화는 프랑스 귀족 사회의 최상류층이자 정계에서도 영향력이 높은 샴페인 회사 사장인 필립 포조 디 보고와 빈민촌 출신의 에브델이 이루어 낸 기적 같은 우정을 담은 TV다큐멘터리를 근거로 만들어졌다. 지금 필립은 결혼하여 아이들과 함께 행복하게 살고 있으며 에브델 역시 성공한 사업가로 변신하여 여전히 변함없는 우정을 나누고 있다고 한다.

나와 영화를 함께 본 친구, 그와 많은 시간을 함께했다. 같이 밥을 먹고 여행을 하고 음악회며 전시회를 동반하곤 했다. 먼 훗날 그리움 없이 그를 떠올릴 수 없을 것이다. 그러나 그가 요즈음 힘들어 하는 줄 알면서도 상투적인 몇 마디의 말을 건내곤 했을 뿐이다. 즐거움만 나누는 사이를 뭐라 불러야 하나.

60여 년을 살아오면서 그동안 나를 스쳐 갔거나 내 곁에 있어 준 친구들을 떠올려 보았다. 부끄럽게도 여름날 소나기가 만들어 낸 물웅덩이보다도 더 얕은 내 마음의 깊이 때문인지 우정이라 당당히 말할 수 있는 영혼의 교류가 드물다. 그동안 해가 들면 언제고 사라지고 마는 감정에 감히 우정이라는 이름을 붙이곤 했다는 뼈아픈 자각. 사람 사이에 마음을 나누는 일은 그 사람의 내면의 깊이에 따라 달라질 수 있다는 너무나 평범한 진실이 나를 우울하게 한다. 마음의 그릇이 제 기능을 못하는 장애. 나는 장애인인지도 모른다.

(2012.)

해바라기

요즈음 부쩍 눈에 자주 띄는 것이 요양원 간판이다. 아마도 얼마 전 동네 입구에 있는 요양원에서 목격한 것이 마음에 큰 상처를 낸 모양이다.

그날은 평소보다 출근이 많이 늦어 마음이 바빴다. 그런데도 요양원 앞 광경에 나도 모르게 브레이크를 밟고 말았다.

요양원 건물 전면과 나란히 하얀 의자들을 펼쳐 놓고 환자들에게 일광욕을 시키고 있었다. 8월의 날카로운 햇살 아래 파란 줄무늬 자루 같은 것에 싸여 있는 환자들은 대부분 왜소한 노인들이었다. 몇 분은 눈을 뜨고 있기는 했지만 살아 있는 인간에게서 느껴지는 생명력은 한 점 남김없이 소진된 상태, 그야말로 식물을 보는 듯했다. 너무나 죄송스럽게도 해바라기가 떠올라 가슴을 훑어

내리는 섬뜩함에 나도 모르게 급정거를 하게 된 것이다.

인간에게 내재된 모든 욕망이 사라지고 나면 한 줌 햇살이 서서히 다가오는 죽음의 그림자를 잠시 비켜서게 할 수도 있을 것이다. 그러나 환자 개개인의 상태와는 상관없이 일률적으로 8월의 따가운 햇살을 향해 앉아 있는 노인들의 모습은 나에게는 환자에 대한 세심한 배려라기보다는 무심하게 방치한 것처럼 여겨졌던 것이다. 인간으로서의 품격이나 육체를 고통스럽게 만드는 질병의 그림자조차도 발견할 수 없는, 감정은 고사하고 감각마저도 휘발되어 꺼져 가는 상태. 더 이상 기대할 것이 없어 오히려 고요한 슬픔이 느껴지는 것이 가슴을 시리게 했다.

몇 해 전에, 소실봉 자락에 두 채만 덩그렇게 있는 아파트로 이사를 했다. 동네 입구에 한 뙈기논이 보이고 가까이에 산과 넓적한 텃밭도 있어 두 번도 돌아보지 않고 마음을 정했다. 옮겨 온 지 얼마 지나지 않아 급하게 반상회가 열렸는데 동네에 요양원이 들어서는 것을 막아야 한다고들 목소리를 높였다. 나로서는 납득하기 어려운 여러 가지 이유가 있었지만 지금도 기억하고 있는 것은 죽음의 냄새가 동네에 퍼질 거라는 염려였다. 아이들에게 나쁜 영향을 끼칠 것이라고 했다. 그들이 말하는 요양원은 그동안 내가 생각해 온 것과는 거리가 있었다. 산이 가까워 공기 좋고 한적한 이곳이야말로 요양원이 들어서기 적합한 장소가 아닐까 싶었지만 동네 신입인 나로서는 주민들의 뜻에 대놓고 반대를 표명하고 나설 수가 없었다.

나에게는 요양원이라면 떠오르는 아련한 추억이 있다. 고교 시절 학교신문을 만드는 데 참여한 적이 있었다. 제대로 된 기사를 만들기나 했는지 모르지만 기자라 하여 선배들이나 지방의 명망 있는 분들을 뵙기 위해 여학생이 밤늦도록 돌아다니면서도 당당했었다. ≪죽순≫이라는 다소 진부한 이름이었는데, 창간호부터 친구 두 사람과 릴레이식으로 연재소설도 썼다. 몇 회까지 연재되었는지 그 내용이 어떻게 전개되었는지 오래전에 잊었지만 기억에 남아 있는 것은 폐결핵을 앓고 있는 창백한 소녀가 등장하고 푸른 바다를 마주하고 서 있는 하얀 건물인 '마산요양소'가 그 배경이었다는 것이다. 그 나이의 소녀적인 감성이 만들어 낸 보편적이고 유치한 내용이었을 것이다. 마산요양소를 어떻게 알았는지 모르겠다. 아마 당시 내가 읽은 소설 속에서 건져 올린 게 아닐까 싶다.

주민들의 반대는 어떻게 되었는지, 요양원이 언제쯤 들어섰는지 한동안 잊고 있었다. 어느 날 문득 동네 입구가 전구라도 갈아 끼운 듯 환해지고 금을 그은 듯 나지막한 담이 있는 단아한 사층 건물이 세워져 있는 것을 발견한 정도였다.

추억 때문이었을까, 요양원에 대한 나의 선입견은 다소 관념적이고 낭만적이었다. 병원에서도 더는 어찌해 볼 수 없는 환자가 생의 끝자락에 잠시 머무르는 장소, 가족들의 안타까움과 인간으로서의 마지막 품위가 지켜지는 곳, 거기까지였다. 더 이상 생각해 보지도 않았다.

그런데 돌이켜 보면 그날 요양원에서 받은 충격은 아마 꿈 때문이었는지도 모르겠다. 전날 밤 꿈에서 여고 시절로 돌아간 나는 시험공부를 제대로 하지 않아 허둥거리며 학교로 가고 있었다. 손에는 책가방이 아닌 아들아이 손을 잡고 등에도 아이를 업고 있었다. 늘 그랬다. 꿈속에서는 어느 시절로 돌아가건 항상 아이들과 함께였다. 자상하다거나 다정다감하지 못한 내 성격 탓에 아이들에게 따뜻한 어미가 되어 주지 못했던 것에 대한 미안한 마음이 잠재되어 있었던 걸까. 아니면 부모와 자식이라는 연결고리는 무의식중에 책임감을 덧씌우는 것인가. 자식에 대해 연연해하는 나를 나 자신이 의식하지 못하고 있지만 꿈에서 표출되는 건지도 모른다.

나에게는 구순을 바라보는 어머니가 계신다. 다행히 건강하셔서 손자들의 생일까지 챙기는 것은 말할 것도 없거니와 아직도 자식들 반찬 걱정을 하신다. 그런데도 자식의 입장에서는 늘 노심초사하게 된다. 해바라기를 하는 노인들을 보면서 나도 모르게 어머니가 연상되기라도 했던 것인가. 언젠가 요양원이 필요한 날이 있을지도 모른다는 생각에 무의식적으로 그곳이 부모를 유기하는 곳은 아닐 거라고 두둔하고 싶었던 것일까. 내가 미처 들여다보지 못한 내면이 어느 날 불쑥 고개를 내밀어 나를 당혹스럽게 만든다. 꿈에서조차 업고 다니는 자식과 언젠가 피치 못할 사정이라는 구실을 앞세우고 귀찮아하게 될지도 모르는 부모. 내 무의식의 극명한 대비가 부끄럽고 슬프다.

백세시대라는 말이 더 이상 낯설지 않다. 어느 보험회사의 광고를 빌리자면 무병이 아닌 유병장수시대라고도 한다. 곳곳에 양로원이 생기고 품격에 맞는 노년을 보낼 수 있다는 실버타운이 생겨 부모의 긴 노후에 대한 자식들의 걱정을 조금씩 누그러뜨리고 있다. 과학과 의학의 발달은 인간의 수명을 고무줄처럼 자꾸 늘어나게 한다. 그런데 인간의 늘어나는 수명이 나에게는 왜 자식바라기 정바라기 군락지가 넓어져 가는 것만 같은지 모르겠다.

(2013.)

사람과 사람의 거리

삼십 년 운전 경력을 곧잘 들먹이던 내가 자동차 접촉 사고를 냈다. 후진을 하다가 U턴하는 차와 부딪친 것이다. 뒤를 돌아보니 시야에 들어오는 차가 없어 백미러를 보면서 후진을 했다. 그런데 무언가에 쿵 부딪히기에, 길에 돌이라도 놓인 줄 알았다. 투덜거리며 차에서 내려 보니 반대편 차선에서 U턴을 한 소형차가 앞 모서리가 우그러진 채 서 있는 게 아닌가. 그 차에서 경적을 울렸다는데 차창을 닫고 오디오를 켜 놓은 나는 그 소리를 들을 수가 없었다. 상대방 차가 내 차 뒤에 있어 뒤돌아보았을 때 당연히 잘 보여야 했는데, 내 차체가 높고 또 너무 가까이 있어 눈에 띄지 않았던 모양이다.

그날은 직장이 쉬는 날이었다. 모처럼 친구를 만나 늦은 점심을 먹고 자리를 옮긴 곳이 계곡을 끼고 산 중턱에 위치한 조용한 찻집이었다. 한 해의 끝자락인 12월 오후, 그맘때쯤에 창을 통해 들어오는 경관이 새삼스러울 것도 없는데 그날따라 산자락이 스산하다 못해 쓸쓸하게 보였다. 올해는 예년에 비해 단풍이 그리 화려하지는 못했지만 얼마 전까지도 그런대로 조용한 불꽃 같았던 나뭇잎들이 이제는 헐벗은 갈색으로 말라 가지 끝에 매달려 있었다. 마치 철 지난 옷을 입은 나이 든 여인의 모습이랄까. 잎을 다 떨어뜨린 나목의 겨울 산은 오히려 당당해 보인다. 그러나 가지 끝에 가을의 흔적을 집요하게 매달고 있는 그 을씨년스러운 나무들을 바라보며 나는 왜 나 자신을 떠올렸는지 모르겠다.

한 해를 정리해야 하는 12월이다. 올해 나는 가깝게 지내던 두 사람과 헤어졌다. 그중 한 사람은 지난봄 산수유가 곱게 피던 날 서울 근교에 유택을 장만하고 내 곁을 영영 떠났다. 친동기간보다 나에게 마음이 더 간다는 그의 말을, 그가 떠난 후 다른 사람으로부터 전해 듣고 그에게 무심했던 것에 대한 죄책감으로 나는 한동안 괴로웠다. 또 한 사람, 그는 지금도 나에게 풀어야 할 화두처럼 머리에 얹혀 있다.

세모를 눈앞에 두고 나는 며칠 전부터 휴대폰을 열었다 닫았다 망설이며 전전긍긍하고 있다. 휴대폰의 액정 화면이 이런 나를 두고 비웃기라도 하듯 "삭제할까요?" 하고 묻기도 한다. 나를 이렇게 힘들게 하는 그 사람, 그와의 인연은 이십여 년 전으로 거슬러 올라가야 한다. 그 당시 나는 친구들과 어울려 거의 매일 테니스를 쳤다. 그를 처음 만났던 날 햇볕에 그을릴까 봐 분장하듯 화장을 하고 있는 우리 앞에 맨얼굴로 나타나 은근히 우리를 주눅 들게 했던 기억이 생생하게 남아 있다.

우리는 함께 운동을 하기도 했지만 글에 대한 공감대로 더욱 가까워졌다. 그는 매사에 무덤덤한 나와는 달리 다정다감하고 그때그때 자신의 느낌을 생생하게 표현해서 나의 부러움을 사기도 했다. 우리는 함께 여행을 자주 다녔는데, 그때마다 행선지나 잠자리, 그리고 먹을거리까지 주로 내 취향에 맞추어 주었다. 언젠가 어느 사찰 마당에서 갑자기 라면이 먹고 싶다는 나를 위해 그 사찰의 주차장 한쪽 모퉁이에서 라면을 끓여 주던 일이며, 아침에 눈을 뜨자마자 커피를 눈앞에 갖다 놓던 일을 생각하면 아직도 마음이 따뜻해진다. 때로 그가 감기듯 너무 다정하게 굴어 혹 전생에 기생이 아니었느냐고 놀리기도 했을 정도였다.

그러나 그와의 이십여 년의 교류가 그리 순탄하지만은 않았다. 우리는 개성이 강하다는 말을 듣는 편인데, 서로 자신의 주장을 내세우기 시작하면 좀처럼 양보하려 들지 않았다. 그것이 자존심에 관한 문제라고 여겨지면 다시는 보지도 않을 사람처럼 서로 등을 돌리기도 했다. 그러나 불편한 것을 잘 참아내지 못하는 내가 먼저 손을 내밀어 다시 연결이 되었다.

십여 년 전, 남편이 하던 사업체가 부도가 나서 내가 어려움에 처했을 때, 대부분의 친구들이 찾아와 어떻게든 도와주려 하거나 위로해 주려 애를 썼다. 그러나 그에게서는 한 통의 전화조차 없었다. 몇 년이 지나 내가 연락을 했을 때야 나타난 그는 어려운 처지의 나를 보기가 힘들었고 또 내가 그를 만나고 싶어 하지 않으리라 생각했다고 자신을 설명했다. 그를 믿고 싶었다. 그의 마음을 조금은 이해할 수도 있을 것 같았다. 그러나 세상에서 가장 먼 거리가 머리에서 가슴까지라고 했던가. 아니면 나도 모르게 마음에 금이 간 것일까. 그 후부터는 이따금 그와 부딪칠 때면 예전처럼 선뜻 손을 내밀게 되지가 않았고 그런 내가 옹졸하다 싶으면 마지못해 연락을 하곤 했다.

물론 함께 있으면 그는 넘치는 재치로 여전히 내게 활력을 주었다. 내 생각이나 행동이 상식의 울타리를 넘지 못한다며 그가 나에게 붙여 준 별명이 '교양과목'이었다. 그만큼 그는 사고가 자유롭고 파격적인 면이 있었다. 한때는 그것이 그의 가장 큰 매력으로 보였는데 언젠가부터 그런 면이 조금씩 불편해졌다. 몇 달 전 함께 운동을 하면서 그가 나에게 함부로 말하는 것 같아 몇 마디 한 것이 화근이 되어 또 충돌이 있었다. 다른 사람 앞에서 그에게 화를 낸 것이 그의 자존심을 건드린 것이다. 전 같았으면 이미 오래전에 내가 연락을 했을 것이다. 그러나 나는 시간을 뭉개고만 있다.

이십여 년의 교류. 오래된 친구는 포도주에 비유되기도 한다. 오래될수록 좋다는 말일 것이다. 그러나 세월의 무게가 곧 우정의 깊이일까. 필요할 때 친구가 진정한 친구라는 말, 내가 애써 그 말을 무시하려 했던 것은 내가 어려웠을 때 나를 외면했을지도 모른다는 그 친구에 대한 불신과 그것을 인정하고 싶지 않은 내 자존심 때문은 아니었는지. 그의 모든 장점에도 불구하고 그토록 나에게 살갑게 대하지 않았다면, 그와 함께한 시간들이 즐겁지 않았다면, 그래도 우리의 교류가 유지될 수 있었을까. 우정이라는 소중한 감정, 그러나 나는 때때로 내 우정의 실체에 회의한다. 요즈음 나는 그에 대한 내 우정이란 것이 어쩌면 잘 포장된 이기심일지도 모른다는 생각을 종종 하게 된다.

너무 가까이 있어서 자동차 추돌 사고를 일으킨 후 문득 떠오른 것은 그와 나의 마음의 거리랄까, 정서적 거리 같은 것이었다. 사람과의 교류로 생기는 정이라는 따뜻한 등불 같은 감정. 그것은 우리를 너그럽고 부드럽게 만들고 마음의 거리를 가깝게 해 준다. 그러나 마음의 거리가 너무 좁아지면 서로를 제대로 볼 수가 없고, 또 터무니없이 편협하게 만들어 감정 추돌 사고를 일으키게 되는 게 아닌가 싶다.

나이 들어 일상에 쫓기며 산다는 것은 그런 감정 같은 것마저 지워 버릴 수 있는 강한 세제 같은 것을 가슴에 풀어놓는 것인지. 그에 대해 더 이상 소모할 감정마저 없다는 것이 나를 서글프게 한다. 이제는 그 누구와도 일정한 거리를 유지하며 편안한 마음으로 살고 싶다. 그러나 그와 함께했던 시간과 그 많은 추억이 아직도 나를 망설이게 한다.

또 한 해가 간다. 하늘의 뜻을 안다는 지명을 넘긴 지도 벌써 몇 해. 이제는 선명한 분별력이나 확실한 가치관이 서 있어 자신의 선택에 책임을 져야 할 나이가 아닌가. 찻집에서 바라본 나무에서 아직도 자존심이나 아집에 매달려 있는 나의 모습이 연상되어 우울해졌던 모양이다. 한 해가 지나고 나면 그만큼 사유의 틀이 더 넓고 깊어지기를 바라며 나는 전화기를 앞에 놓고 망설이고 있다.

(2003.)

풍금 소리

코 수술을 받았다. 밤잠을 설치게 하던 비염의 원인이 코뼈에 있었다. 코뼈가 기형이라 한쪽 통로를 막고 있어 호흡이 원활하지 않아서 염증이 생겼다는 것이다. 비교적 간단한 수술이라고 했다.

코 부위만 부분 마취를 하고 말간 의식으로 수술을 받다 보니 수술 과정 일체를 감지할 수밖에 없었다. 코뼈의 일부분을 잘라낸다고 했으나 내 청신경에 와 닿는 요란한 소리로는 마치 큰 터널 하나를 뚫는 것 같았다. 코뼈 전체가 내려앉는 게 아닌가 싶기도 하고 또 코뼈가 삐뚤어져 버릴 것 같아 불안하기도 했다. 그러나 콧소리가 섞여 탁한 내 목소리가 어쩌면 맑아질 수도 있겠다는 생각이 들어 은근히 수술 후가 기대되기도 했다.

목소리는 자신의 본질적인 정체성의 일부분이 아니겠는가. 나는 맑고 투명한 목소리는 그만큼 순수한 영혼을 나타낸다는 어쩌면 편견일지도 모를 믿음을 갖고 있다. 그래서 맑은 목소리는 내 선망의 대상이다.

피아노 조율사의 이야기가 내 주의를 끈 것은 수술 후에도 조금도 달라진 게 없는 목소리에 대한 실망 때문이었는지 모르겠다. 즐겨 듣는 라디오 방송에 피아노 조율사가 출연했다. 청각 예술인 피아노는 튜닝 기계보다는 귀로 들으며 조율하는 것이 낫다는 그의 지론에 신뢰가 갔다. 그의 이야기를 듣는 동안 새롭고 흥미로운 사실을 알게 되었다. 내 무지 탓이기는 하겠지만 피아노를 조율한다고 하면 단순히 음률을 정확하게 맞추는 것이려니 생각했다. 그러나 그것은 조율의 한 부분에 지나지 않는다는 것이다.

피아노 조율사는 크게 세 가지의 일을 한다고 했다. 물론 음정을 정확하게 맞추는 조율이 그 하나이고, 건반의 움직임을 부드럽게 해 주는 조정과 음색을 잡아 주는 정음(整音)이라는 중요한 과정이 있었다. 연주자의 요구에 따라 건반의 깊이나 손가락에 닿는 느낌을 조정해 주고 또 음의 분위기를 전체적으로 밝거나 어둡게도 하고 가볍거나 무겁게 만들기도 하며 때로는 고음이나 저음 부분만 다른 분위기로 바꾸어 주기도 한다는 것이다. 곰곰이 생각해 보니 너무나 당연한 이야기인데도 그 이야기를 듣는 동안 왜 그리 피아니스트가 부러웠는지. 음의 분위기까지 잡아 주다니!

아이들이 어렸을 때는 여느 부모나 마찬가지겠지만 나 역시 아이들의 가능성을 찾아 여기저기를 기웃거렸다. 피아노도 그중 하나였는데 결국 내 아이들이 가문에 없는 돌연변이는 아니어서 음악가로 키우는 꿈은 포기하고 말았다. 나 자신도 한때는 재즈를 멋지게 연주해 보겠다는 가당찮은 야심을 품고 피아노 건반을 두드려 듣는 사람을 힘들게 했던 기억이 있다.

악기라면 어린 시절 처음으로 들었던 풍금이 먼저 떠오른다. 초등학교에 들어가 얼마 지나지 않았을 때였다. '방울새야 방울새야'로 시작되는 노래를 풍금에 맞춰 배웠는데 그때 처음으로 들었던 그 소리가 얼마나 신기하고 고왔던지 선생님 몰래 건반을 눌러 보기도 했다. 풍금 소리가 유독 따뜻하게 느껴지는 것은 여린 감성에 맨 먼저 스며든 소리였기 때문일 것이다. 그리움이 묻어 있는 풍금 소리. 풀잎 몇 조각이면 진수성찬이 되던 소꿉놀이며 눈깔사탕이 두 개만 있어도 나누어 줄 동무를 찾아 두리번거리던 순수한 시절로 이끌어 주는 길동무는 역시 풍금 소리가 제격이 아닌가 싶다.

피아노 조율에 관해 알게 된 후 나는 가끔 내 목소리를 조율하는 상상을 해 본다. 꾀꼬리같이 고운 소리는 나에겐 어울리지 않을 것이다. 딱히 나의 분위기에 맞는 소리를 단정 지을 수는 없지만 지금보다 좀 더 맑아졌으면 좋겠다. 육십 년 넘게 사용한 육체는 코뼈를 수술하듯 병원에서 제 기능을 할 수 있도록 이따금 조율할 수 있겠지만 세월과 함께 변질된 영혼은 어떻게 하면 좋을까. 숫자로 환산되는 인간관계가 빈번해지고 상황에 따라 변하는 나를 보는 일은 늘 씁쓸하다.

감성이 무디어져 가슴 뛰는 일이 점차 줄어들고 부끄러움을 잃어 가는 나의 영혼을 조율할 방법은 없을까. 돌이켜 보면 더러 나를 돌아보고 내면을 들여다보게 하는 것이 있다면 그것은 글쓰기가 아닌가 싶다. 영혼에 켜켜이 쌓인 얼룩을 조금이나마 닦아낼 수 있게 된다면 그것은 글을 쓰면서 나 자신에 침잠해 들어갈 시간을 갖게 된 덕이라 할 수 있을 것 같다.

내가 다시 태어나지 않는 한 순수한 영혼이야 바랄 수 없겠지만 만약 조율사가 나타나 나에게 어떻게 조율해 주기를 원하느냐고 묻는다면, 나는 시골 초등학교 교실에 놓여 있던 조금은 음정이 틀릴지도 모르지만 어린아이 마음에 따뜻하게 남아 있는 풍금 소리 같은 영혼을 부탁하고 싶다. 누구에게나 진정성을 지니고 다가설 수 있는, 누구라도 쉽게 한번쯤은 기대어 보고 싶은 그런 영혼을 갖고 싶다.

글이 곧 사람이라고 한다. 맑은 영혼으로 따뜻한 풍금 소리를 닮은 글 한 편 쓸 수 있으면 좋겠다. 어쩌면 이 욕심마저 지워낸 후에야 글에서 풍금 소리를 들을 수 있을지도 모르겠다.

(2010.)

깁스를 하고

창으로 들어오는 햇살에는 봄이 가득하다. 매화 소식을 들으며 설레기도 했었는데 하마 진달래가 산허리를 안고 있는지도 모르겠다. 며칠째 집안에서 먼발치로 두터워지는 햇살을 바라보고 있다.

지난 달 초에 발목을 접질렸다. 그다지 대수롭게 생각하지 않았는데 한 달이 넘도록 고생하고 있다. 그렇잖아도 늘 말썽을 부리던 다리였다. 무릎의 연골이 너덜너덜해진 지는 이미 오래 전의 일이 되었고 고관절이 고장 나 한동안 절뚝거리고 다녔는데 이제 발목에 깁스까지 하게 되었다. 자전거를 타며 연골 부위의 근육을 어느 정도 다져 무릎은 걷는데 별 무리가 없어졌고 고관절 역시 교정을 받아 이제는 훨씬 수월해졌다고 좋아했는데 발목이 그야말로 발목을 잡아 근신 중이다.

가족들과 외식을 가서 지하주차장 벽면으로 차를 세웠는데 그 벽 아래에 홈이 파진 것을 미처 보지 못했다. 거기를 잘못 밟아 발목을 접질린 것이다. 주차요원의 지시에 따라 벽면에 바싹 붙여 세웠기 때문에 홈이 파인 것이 눈에 잘 띄지 않기도 했지만 늘 덤벙거리는 내 탓이지 누구를 원망하겠는가.

정형외과에 가 엑스레이를 찍어보니 뼈에는 이상이 없다지만 그래도 손상된 인대를 빨리 회복하려면 깁스를 하는 게 좋겠다고 했다. 열흘 후 깁스를 떼어내고 다시 엑스레이를 찍어보니 골절이 되었다는 것이 아닌가. 가는 실금이라 잘 보이지 않을 수도 있었다지만 어처구니가 없었다. 결국 시티촬영까지 한 후 복숭아 뼈 골절로 판명되었다.

정강이도 아니고 복숭아 뼈가 뭐 그리 대수로울까 싶어 반 깁스를 부탁했다. 무식하면 용감하다고 했던가. 움직이지 말라는 의사의 지시를 반신반의 하면서 불편한대로 움직이며 일을 했다. 이 주일 후, 지금쯤은 깁스를 풀 수 있으려니 기대했는데 금이 더 벌어져 있었다. 무리하게 걸어 다닌 게 화근이었다. 조심하지 않으면 나중에 큰 낭패를 볼 수가 있다는 것이 아닌가.

급기야 인터넷을 뒤지며 복숭아 뼈의 기능을 찾아보았다. 발은 뼈 26개와 근육인 힘줄이 56개 인대 38개 그리고 혈관과 모세혈

관으로 구성되어 있다고 한다. 발의 양쪽에 붙어 있는 복사뼈라고도 불리는 그곳이 호르몬의 숨어있는 보고라는 설명이 그림과 함께 나와 있었다. 바깥쪽 보다는 안쪽에 다량의 호르몬이 있다는 것이다. 특히 내분비기관인 뇌하수체와 반대편에 있는 곳 즉 머리의 반대편인 발에 위치한 복사뼈가 호르몬의 저장고이며 생식기를 보호한다는데 인체에 무지한 나는 쉽게 납득이 되지 않았다. 또한 복사뼈를 잘못 관리해 무릎관절이 내려앉아 수술을 받았다는 기록도 있었다.

발이란 체중을 받치고 땅을 딛게 하니 복숭이 뼈 역시 위치상 다리뼈의 균형을 잡아주고 걷는 데 어느 정도는 역할을 하겠지만 그 기능이 미미하지 않을까 짐작했던 나로서는 좀처럼 믿기 어려웠다. 인체가 소우주라는 말이 있으니 어느 기관이 중요하지 않을까 마는 왠지 머리 쪽에 있거나 심장부위는 생명과 직결되어 있는 것 같아 조금이라도 이상증세가 나타나면 서두르고 신중하게 되는데 반해 발이라면 웬만해서는 크게 개의치 않았었다. 그런데 뇌의 기능을 보필하는 주요기관을 하필 다치기 쉬운 발목에 붙어 있는 복숭아 뼈에 둔 조물주가 원망스러웠다.

성장이 끝난 후에도 여전히 자라는 머리카락이나 손발톱도 조물주의 의중에 불평을 하게 만드는 부분이다. 머리카락은 신체의 주요 기관인 뇌의 외피 피지를 원활하게 배출하는 역할과 외부충

격으로부터 보호하기 위해 있다는데 그것이 풍성할수록 뇌가 잘 보호되어 그 기능이 원활하다는 말은 어디에도 없다. 그러나 아무래도 외피의 보호를 잘 받은 뇌가 제 기능을 더 잘 할 수 있을 것이니 뇌와 머리카락 사이에 밀접한 관계가 있는 것은 분명하지 않을까.

머리카락이라면 나는 할 말이 많다. 갈색 곱슬머리였던 탓에 여고시절에는 이따금 파마를 했다는 오해를 받아야 했다. 또한 두 손으로도 다 잡을 수 없을 만큼 머리숱도 많아서 아침잠이 많았던 나는 머리카락 정리와 지각 사이에서 오락가락 했을 정도였다. 찰랑거리는 새까만 생머리가 한때 나의 로망이었다.

세월과 함께 머리카락도 기운이 빠졌는지 희끗해지고 맥없이 늘어져버렸다. 머리숱도 이제는 절반가량이나 남았는지 한 손으로도 충분히 잡을 수 있게 되었다. 풍성한 머리카락의 배출이나 보호 없이도 뇌의 기능에 전혀 이상이 없는 사람들도 많지만 나의 뇌는 요즈음 제 기능을 제대로 못하고 있다. 나의 뇌는 더 이상 보호할 가치가 없다는 게 조물주의 생각이었을까. 머리카락의 도움이 줄어들면서 외피 피지의 배출이 제대로 되지 않아 외부충격에 해를 입지 않을 만큼 외피가 딱딱해졌는지도 모르겠다. 거칠고 빈약한 옷을 입은 뇌는 새로운 것을 받아들이는 것이 힘에 부치고, 뇌에 수록되어 있는 것들마저도 제 때에 떠올리지 못할 것이다. 잡다한 생각들이 드나들었을 뇌에는 제대로 배출되지 못한 것들이 남아 있지 않을까. 아니면 내가 별 생각 없이 사는 사람이라 조물주가 머리카락의 양을 줄여버린 것일까.

삼손과 데릴라에서 말하는 삼손의 머리카락이 의미심장하지 않는가. 하필 머리카락이 힘의 원천이었을까. 그 힘이란 것이 무엇을 의미하는 것일까. 생각이 여기에 미치자 어쩌면 지금 나에게 절실히 필요한 것은 생각의 틀인 뇌가 온전히 제 기능을 하던 시절로 돌아가기 위해 한동안 머리에 깁스를 해야 하는 게 아닌가 싶어지기도 한다.

복숭아 뼈의 중요성을 알게 되면서 매사에 내 판단의 기준이란 것이 얼마나 허황되고 근거가 빈약한지 새삼 깨닫게 되었다. 눈에 보이는 것 그리고 그것이 처한 상황이나 위치에 따라 마음대로 기준의 잣대를 갖다대는 나를 돌아본다.

아는 것만큼 보이고 또 이해할 수 있다고 한다. 결국은 나의 무지가 아픈 아이 떼를 쓰듯 깁스를 하고 조물주에게 억지를 부리게 만들고 있다.

(2015.)

나의 반포 시절 이야기

벌써 오월의 끝자락인데 나는 아직도 개업하지 못하고 있다. 새로 입점하는 곳이 4월 초에 개장할 수 있다고 했는데 빌딩 공사가 제대로 마무리가 안 되어 날짜가 미루어진 것이다. 이것저것 애를 먹다 보니 문득 반포 시절이 그리워진다.

지난 1월 말에 나는 8년 가까이 꾸려 오던 백화점의 매장을 정리했다. 내가 입점해 있던 백화점이 느닷없이 팔려 졸지에 일터를 잃은 것이다. 백화점 매각에 관한 소문은 몇 해 전부터 간간이 들려왔지만, 소문은 말 그대로 그저 떠도는 말일 뿐이라며 흘려들었는데 그 소문이 어느 순간 뒤통수를 치며 사실로 다가온 것이다.

수백 명의 생계가 달려 있는 생활의 터전은 대기업의 막강한 힘에 의해 조용하면서도 체계적으로 분해되어 우리는 눈 한 번도 제대로 흘겨보지 못하고 그저 속수무책으로 뿔뿔이 흩어졌다. 소중한 것은 잃고 난 후에야 그 가치를 확인하게 된다는 평범한 진리를 깨달으며 요즈음은 8년 전 백화점으로 입점하던 때를 자주 되돌아보게 된다.

그 당시 나는 세 들어 있던 상가를 소유한 기업이 부도가 나는 바람에 내일을 기약할 수 없는 불안한 나날을 보내고 있었다. 그때 구원의 손길처럼 나타난 것이 반포에 있는 상설 할인 백화점이었다. 특별히 주저할 이유나 망설일 필요가 없었다. 막상 입점을 하고 보니 규모도 작은 할인점이면서 왜 그리 지켜야 할 규칙은 많은지, 처음 얼마 동안은 걸핏하면 백화점 직원들과 부딪히기 일쑤였다.

백화점은 일종의 부동산 임대 관리업으로 대개의 경우 일정한 임대료를 받는 대신 매출에 대한 일정 비율의 수수료를 받는다. 매장의 매출이 높을수록 백화점의 영업 이익은 커지기 마련이다. 그러기에 백화점에서는 되도록 많은 고객을 불러 모아 고객이 지갑을 열 수 있도록 판매 사원에게 최상의 서비스를 요구한다. 적지 않은 나이에 백화점에 들어간 나로서는 오로지 고객만을 인간 대접하려는 것 같은 백화점의 태도에 불평을 늘어놓곤 했다. 다행히 내가 운영하는 매장이 백화점에서 예상했던 것보다는 매출이 높아, 출퇴근 시간을 지킬 수 없다느니 이름표를 달지 않겠다느니 하는, 그들에게는 황당했을 나의 요구들이 묵인되곤 했다.

처음에는 까다롭게만 여겨지던 백화점의 규칙도 시간이 흐르면서 요령껏 대처하게 되었다. 나는 하루 종일 서 있어야 하는 규칙을 지키기가 힘들어 틈만 나면 앉아서 쉴 수 있는 자리를 찾았다. 백화점 3층에는 '버드 랜드'라는 재즈 바가 있었는데, 낮에는 한가해서 내가 좋아하는 재즈를 들으며 책을 읽기엔 안성맞춤이었다. 4층에 있는 증권사와 은행도 주말이면 별로 드나드는 사람이 없어 이따금 창밖으로 보이는 산자락에 사는 일의 스산함을 날려 보내곤 했다. 그러나 그것도 얼마 동안의 호사였을 뿐, 몇 해 지나지 않아 나의 쉼터는 내부 공사를 하면서 모두 매장으로 바뀌고 말았다.

같은 장소에서 늘 하던 일을 하고 있었지만 내가 아끼던 장소들이 없어지자 차츰 백화점이 답답해지기 시작했다. 그러다 보니 출근길에 곧장 매장으로 들어가지 못하고 근처의 '국립 현충원'을 기웃거리거나, 비라도 내리면 특별한 목적지도 없이 올림픽 대로를 달리곤 했다. 그러나 반포에서의 영업은 내가 하는 일에 대한 자신감과 자긍심을 심어 주었다. 남편의 회사가 부도가 나 하루아침에 생활 전선으로 뛰어든 나에게 늘 발에 맞지 않은 신발처럼 불편했고, 낯선 곳에 서 있는 것처럼 어색했던 옷 장사라는 일이 이제는 내가 잘 해낼 수 있는 직업으로 안착된 것이었다. 한 장소에서 오랫동안 영업을 하다 보니 들르는 고객의 대부분은 친숙한 사이로 변했다. 내가 권하는 상품이면 믿고 사 가는 사람이 늘면서 무슨 대단한 전문가라도 된 것 같은 착각을 할 때도 있었다.

매일매일의 매출 실적에 연연하며 떠밀려 보낸 나날들과 더러는 매출 기록을 갱신하며 자만에 빠졌던 날도 있었다. 또한 고객과의 마찰로 쪼그라진 자존심 때문에 상처로 남은 날마저도 모두 잘 꿰맞춘 퍼즐이 되어 이제 반포 시절은 내 기억의 한 자리를 차지하게 될 것이다.

언젠가 누군가가 과거로 돌아갈 수 있다면 어느 때로 가고 싶으냐고 물은 적이 있었다. 그때는 여고 시절이라고 대답했던 것 같다. 내 생에서 가장 보석처럼 빛나던 시절이었기 때문이다. 그러나 지금 나에게 같은 질문을 던진다면 나는 반포 시절이라고 말하고 싶다. 검은 필름에 빛이 잠시 머물다 간 흔적이 사진이라면, 반포 시절은 어둠 속에 갇혀 있던 내가 두려움에서 한 발짝씩 내디디며 다시 일어선, 간직하고 싶은 한 장의 사진이기 때문이다. 그러나 정말로 그 시절로 돌아갈 수 있다면 자만에 빠져 누구에게도 제대로 표현하지 않았던 고마움에 대한 마음의 문을 활짝 열어 더 멋진 사진을 만들고 싶다.

며칠 후면 양재동에 새로 지어진 대형 쇼핑몰에서 다시 매장의 문을 열 것이다. 불경기에 교통도 불편하고 매장이 절반도 채워지지 않은 상황이라 걱정이 앞선다. 고객 감동을 내세우는 백화점과 경쟁을 해야 하는 것도 여간 부담이 아니다. 그러나 늘 불평을 하면서도 익혀야 했던 반포에서의 여러 가지 규칙과 영업 실력을 믿고 용기를 낸다. 먼 훗날 양재동을 떠올리면 그때는 시정할 것 없는 완벽한 사진을 만들겠다는 야무진 포부를 내세운다면 누군가가 박수라도 보내 주지 않을까.

(2005.)

옷 장사

피서지로 향하는 차량들이 고속도로에서 거북이걸음을 할 즈음이면 나의 가을은 시작된다. 올 가을 한없이 머무적거리는 낮의 열기 탓에 매장의 가을 옷들이 더욱 칙칙하고 무겁게 느껴진다.

몇 해 전 봄, 십여 년 동안 함께 테니스를 하던 친구가 갑자기 어려움에 처하게 된 나에게 만나자는 연락을 해 왔다. 그는 혹시라도 내 마음을 다치게 할까 염려해서였는지 한참을 머뭇거리다가 숙녀복 매장에서 중간 관리직을 맡아보는 것이 어떻겠느냐고 물었다. 그 당시 나는 일자리를 구하고는 있었지만 그의 제의에 선뜻 응할 수가 없었다. 친구의 도움을 받아야 한다는 것도 내키는 일은 아니었지만, 무엇보다도 장사라면 손님의 눈치를 살피고 그들의 비위를 잘 맞추어야 하지 않을까 하는 생각 때문에 자신이 서지 않았다.

그러나 특별한 기술이나 자격을 갖추지 않은 사십 대의 여자가 직장을 구한다는 것은 맨손으로 물을 움켜 쥐려고 하는 것만큼이나 어려운 일이었다. 친구의 제의가 나에 대한 큰 배려라는 것을 알면서도 그것을 받아들이기로 결정하기까지 얼마나 망설였는지 모른다.

매장에 나가기 시작한 후 처음 얼마 동안은 손님이 들어오는 것조차 두려울 지경이었다. 손님이 들어오면 당황해서 눈을 마주치지 않으려고 공연히 잘 걸려 있는 옷을 꺼내어 다시 걸기도 하고 울리지도 않는 전화기를 만지작거리기도 했다. 그뿐인가, "어서 오세요"라든가 "안녕히 가세요" 같은 인사말을 하기가 어찌 그리 쑥스럽던지.

평소에 나에게 어울리는 옷도 제대로 골라 입지 못하던 사람이 남의 옷을, 그것도 체형과 취향에 맞게 잘 권하는 일이 쉽지만은 않았다. 그러나 다행히도 나를 도와 주는 판매 사원들이 일에 경험이 많은 편이어서 내 어려움을 덜어 주었다.

사 년 넘게 장사를 하다 보니 이제는 손님을 대하는 것에나 옷을 골라 주는 일에 어느 정도 익숙해졌다. 그러나 많은 사람들을 대하다 보면 이해하기 힘든 이도 더러 만난다.

손님들 중에는 여럿이 어울려 와서 다른 사람이 입는 옷마다

다 사도록 부추기는 사람이 있는가 하면, 공연히 트집을 잡아 가며 아무도 사지 못하도록 하고는 나중에 혼자 와서 그 옷을 자기가 사 입는 이상한 사람도 있다. 그러나 대부분의 사람들은 판매하는 사람이나 함께 온 이의 의견을 들으며 입어 본 후 결정을 내린다. 마음에 꼭 들지 않더라도 자신의 체형을 생각해서 적당한 것으로 타협을 하는 것이다.

나는 옷을 고르는 모습을 보면서 그 사람의 성격을 유추해 보곤 한다. 보는 옷마다 마음에 들어 하며 이 옷 저 옷 한없이 입었다가 벗었다가 하는 사람들이 있다. 그런 사람들은 옷에 화장품을 묻히기도 하고 솔기 같은 것을 뜯어 놓기도 하지만 별로 미안해하거나 개의치 않는다. 또 그러면서도 전혀 엉뚱한 옷을 사 가기도 하지만, 그래도 이들은 비교적 자신에게 잘 어울리는 옷을 골라 입는 편이다. 나는 이들이 매사에 적극적이고 긍정적인 성격이 아닐까 생각한다. 이런 손님을 대할 때면 만나는 사람마다 쉽게 사랑에 빠지곤 하던 친구가 떠올라 혼자 웃곤 한다.

이와는 반대로 매장에는 비교적 자주 오는 편이나 좀처럼 옷을 입어 보려고 하지 않는 사람이 있다. 서성거리며 구경만 할 뿐이다. 어떤 옷은 그에게 잘 어울릴 것 같아 입어 보라고 하면 거울 앞에서 이쪽저쪽 비추어 보고 몸에 갖다대어 보는 것이 고작이다. 옷은 그냥 볼 때와 입었을 때 전혀 다른 느낌을 줄 수가 있기에 나는 사기 전에 반드시 먼저 입어 보도록 권한다. 그런데 옷을 입어 본다는 것이 번거로운 일이기는 하지만 이들은 너무 주저하고 망설여서 답답할 지경이다. 어쩌다 옷을 입어 볼 경우에도 먼저 옷감과 바느질을 세세히 살펴본 후 제조일까지 확인을 한다. 나는 이들이 아주 소극적이거나 매사에 지나치게 신중한 사람일 것이라 짐작한다. 무슨 일이건 참여하기보다 어느 정도 거리를 두고 관망하는 부류의 사람일 것이다.

옷을 사는 일은 생활의 한 모습에 지나지 않는다. 그러나 거기에서도 삶에 임하는 자세가 드러난다. 아주 단순한 행동 하나에도 그 사람의 성격이 반영되기 때문이다.

우리 주위에는 신중하고 정확하게 모든 일에 대처해 나가면서 누구에게도 폐를 끼치지 않으려고 노력할 뿐만 아니라 자기의 조그만 실수도 용납하지 않는 반듯한 사람들이 있다. 자존심 때문에 자신의 실수를 절대 인정하려 들지도 않는 사람이다. 그들을 보고 있으면 공연히 가슴이 답답해진다. 그런 사람보다는 많은 시행착오를 겪으면서 실수로 인해 더러 다른 사람의 웃음거리가 되기도 하지만 매사에 적극적으로 참여하는 사람을 나는 좋아한다.

적극적이고 능동적인 것이 삶에 대한 더 나은 자세라고 말하기는 어렵겠지만 자신에게 주어진 한정된 시간 속에서 삶의 언저리를 소극적으로 맴돌기보다는 그 속에 뛰어들어 열심히 허우적거리는 것이 조금은 더 보람되지 않을까 싶은 것이다.

매장에 드나드는 많은 고객을 대하면서 그 숫자만큼이나 다양한 모습의 삶의 모습을 엿보면서 나를 돌아보곤 한다. 생의 중반을 넘어서 친구의 도움으로 내게 전혀 어울릴 것 같지 않았던 낯선 길로 들어선 나.

아직도 이 길이 나에게 서먹하게 느껴지기도 하고 일에 대해 회의에 빠지기도 한다. 그럴 때면 다양한 삶의 모습 사이에 나를 그림처럼 걸어 두고 쳐다보며 자신을 다그치고 다독거리곤 한다.

(1997.)

고향 만들기

지방 사투리를 심하게 쓰는 것 같지 않은데도 고향이 어디냐고 묻는 사람들이 있다. 대개는 같은 고장일 거라는 짐작과 함께 어느 정도 친밀감을 나타내는 것이다. 이럴 때 난처해진다. 그들이 유추해 내는 고향은 내가 고향에 대해 생각하는 것과 다르기 때문이다.

고향이란 태어나서 자라고 살아온 곳 혹은 마음속 깊이 간직한 그립고 정든 곳이라고 한다. 그러나 내가 태어나서 유년을 보낸 곳은 대부분 기억 속에서 지워져 있어 정으로 돌아볼 추억거리가 그다지 남아 있지 않은 탓인지 그리움이라는 말로 부르기가 어색하다.

KBS에서 1983년에 온 국민을 눈물바다에 빠트렸던 〈이산가족

찾기〉를 보면서 가장 놀라웠던 것은 가족을 잃어버린 사람들의 비상한 기억력이었다. 겨우 서너 살 때 떠나온 고향 마을이나 헤어졌던 장소 같은 것들을 어쩌면 그렇게도 정확하고 소상하게 기억하고 있는지 경이로웠다. 그래서 더욱 가슴이 아렸다. 그토록 오랜 세월 그 어린 날의 기억의 끈을 잡고 살아야 했던 아픔과 재회의 감격에 우리 모두 함께 눈물을 흘리지 않았던가.

어린 시절 함께 뒹굴던 동무들에 대한 글을 대하면 나는 그들이 부럽다. 때로는 오래전 수몰되어 돌아갈 수 없는 곳이라도 온전히 가슴에 남아 있는 고향 마을이 내게 있었으면 싶을 때도 있다.

돌아보면 내가 태어난 곳에서 보낸 유년의 날들은 세월의 먼지를 뽀얗게 뒤집어쓰고 있는지 대부분 기억에 없다. 희미하게나마 그 윤곽이 드러나는 것이 있다면 '방울새야'로 시작되는 노래를 부르기 위해 어느 방송국을 갔던 일이다. 그나마 그것이 고운 빛을 내고 있다. 내 스스로가 기억하고 있는 사건이라면 동생들을 데리고 가출했던 일이다. 두 살 터울의 아이들을 둔 동생의 어려움을 도와 주려했던지 나는 한동안 큰이모 댁에 가 있었는데 초등학교 입학할 즈음에 우리 집으로 돌아왔다. 그러나 우리 집이 왠지 서먹하고 또 이모가 그리웠던 모양이다. 어머니가 외출하신 틈을 타 동생 둘의 손을 잡고 반나절이나 걸려 땀을 뻘뻘 흘리며 이모네로 가 어머니를 놀라게 했던 일이 기억 속에 또렷이 남아 있다.

태어난 곳에서 초등학교 2학년 때 전학을 와 소녀 시절을 보낸 갯내 나는 작은 도시에 나는 추억이라 부를 많은 이야기를 묻어 두고 있다. 아직도 선명히 그려 낼 수 있는 고무줄놀이를 하던 골목길과 아버지의 자전거에 실려 가며 지각할까 봐 가슴을 콩닥거렸던 탱자나무 울타리가 있던 학교 가는 길, 그리고 사춘기를 보내며 가슴을 설레게 했던 많은 추억거리가 있다. 그곳이 나의 그리움과 안타까움이 함께 머물러 있는 시간이며 공간이다. 그런데도 내가 태어나지도 않았고 또한 내 부모님의 타향인 그곳을 선뜻 나의 고향이라고 말하지 못한다. 고향을 무엇이라고 정의 내려야 할까.

큰아이를 외국에서 낳아 그 아이가 초등학교 2학년 때 귀국했다. 그런데도 아이는 어린 시절을 제법 잘 기억해 낸다. 옆집에 살았던 친구의 이름이나 자신이 한동안 다녔던 학교와 그 학교에서 했던 일들을 곧잘 떠올리곤 한다. 물론 내가 간간이 들려준 이야기가 보탬이 되었겠지만 삼십 대에 그 나라로 유학을 가 우리가 살았던 집을 찾아보기도 했다는 것이다. 그러나 아이는 자신이 태어난 나라를 고국이라거나 고향이라 부르지 않는다. 그렇다고 그의 학창 시절의 이야기가 고스란히 담긴 서울을 편안하게 고향이라 말하지 못한다.

큰아이의 딸인 큰손녀 역시 제 아비가 태어난 나라에서 아비의 유학 시절에 태어났다. 유년기를 아비의 직장을 따라다니며 여러 나라에서 보냈다. 한국으로 돌아와 초등학교를 다니다가 다시 외국으로 나갔다. 앞으로 몇 년을 그 나라에서 살게 될 것이다. 그 아이의 고향은 어디인가.

고향이라는 말은 가슴을 따뜻하게 해 준다. 그 말에는 아련한 향내가 있다. 그러나 그 고운 말을 온전히 제 것으로 갖지 못한 사람들에게 무엇이 그 말을 대신해 줄 수 있을까.

고향이라 부를 수 있는 곳이 있었으면 좋겠지만 그렇지 못하니 만들기라도 했으면 좋겠다고 생각하기 시작한 이유다.

우선 고향이라면 무엇보다 출생과 관계가 있어야 하지 않겠는가. 그래서 내 생명의 시발점으로 돌아가 보았다. 그곳에 어머니가 계셨다. 내가 생명으로 안착해 뿌리내린 곳은 어머니의 자궁이었다. 우리 형제가 처음으로 살았던 곳이 있는 어머니가 나의 고향이 될 수 있지 않을까 싶었다. 무엇보다 '어머니'라는 말이 주는 느낌이 고향의 어감과 비슷하게 생각되었다. 고향을 떠올리면 느껴야 할 따뜻함과 언제라도 푸근히 기댈 수 있는 넉넉함 또한 어머니에게서 느껴지지 않는가. 어머니라는 고향은 영원히 함께할 수 있으니 내가 갖고 싶은 고향이 될 수 있지 않겠는가.

다행히 구순을 눈앞에 둔 어머니는 아직도 멀리 떠나지 않으셨다. 그러나 머지않은 날에 떠나게 되실지도 모른다. 그날이 온다고 해도 어머니는 나에게서 멀리 떠나지는 않을 것이다. 어머니는 늘 나와 함께 내 마음속에 남아 계실 것이기 때문이다. 내 마음밭에 어머니에 대한 그리움과 추억을 심고 그것을 예쁘게 가꾸면 그곳이 세상에서 가장 아름다운 고향이 되지 않겠는가.

고향이란 어느 특정한 공간과 마음이 빚어내는 복합적인 감성을 말하는지도 모른다. 어머니! 하고 불러보면 고향이라는 말을 떠올릴 때처럼 따뜻함과 정겨움 그리고 근원을 알 수 없는 아련함이 함께한다.

나는 내 아이들에게 고향이 주는 정서로 떠올려질 수 있을까. 나를 생각할 때 아이들의 마음에는 어떤 그림이 그려지는지 알 수 없다. 그 형태가 무엇인지 그 빛이 무엇으로 채워지는지 가늠할 길이 없다. 어머니가 나에게 그랬던 것처럼 언제나 돌아가 푸근히 기댈 수 있는 언덕이 될 수 있는지 나를 돌아본다. 나도 내 어머니처럼 아이들의 아름다운 고향이 되고 싶다.

(2015.)

Chapter 4

모조품

글이 곧 사람이라 한다. 누구보다 자신을 잘 알고 있는 나는 인품의 향이 배어나는 글을 기대할 수는 없다. 아이와 손잡고 유년의 뜰로 돌아가 잔재주로 덧칠한 모조품이 아니라 어린아이의 웃음소리가 묻어 있는 순정한 글 한 편 건져 내고 싶다. 이 희망을 품고 한동안은 글 주변을 맴돌아야 할 것 같다.

정겨운 축적

고관절에 이상이 생겨 걸을 때마다 나도 모르게 조금씩 오른쪽 다리를 절게 된 지 한참 되었다. 지난해 여행지에서 무리하게 운전을 하고 다닌 게 직접적인 원인이 되긴 했다. 보름 정도를 하루에 칠팔백 킬로를 운전했으니 내가 생각해도 어지간히 무모한 짓이었다. 여행을 떠나기 전부터 이미 고관절은 이상 신호를 더러 보내기는 했었다. 오래전에 고장 난 무릎을 말썽꾸러기 막내아들처럼 살살 달래 가며 지내온 터라 고관절이 이따금 보내는 이상 신호를 눈치는 채고 있었지만 떠남에 대한 설렘으로 모른 체 했던 것이다.

그동안 정형외과에서 주사는 물론 물리치료를 받고 또 한약도 지어 먹고 이를 악물며 벌침까지 맞아 보았지만 그다지 효과가 없었다. 이제는 약간씩 다리를 저는 게 오히려 익숙해지기까지 했으나 보는 사람마다 어디가 불편하냐고 물어서 일일이 답하는 게 귀찮기도 하고 조금은 민망했다. 그런데 며칠 전 체육관에서 운동 전문가에게 지도를 받아 좋아진 사람이 많다는 말을 들었다. 내가 원래 귀가 여린 편이기도 하지만 진전이 없는 여러 가지 치료가 답답하던 즈음이어서 당장 트레이너를 찾아 예약을 했다.

지난 삼십여 년 나는 꾸준히 운동을 해 온 편이다. 따라서 웬만큼 몸 관리를 해 왔다고 자부하고 있었다. 삼십 대에 시작한 테니스는 운동 시간만 따진다면 이류 선수 못지않은 실력을 갖추고도 남아야 할 정도이다. 하루에 보통 일고여덟 시간을 십여 년 동안 거의 매일 테니스를 했다. 그런데도 수준은 겨우 초급을 면한 정도였다. 운동신경이란 것이 부족한 것이 아니라 내겐 도시 찾아보기 힘들다. 우선 모든 운동의 기본이라는 달리기에서 출발은 언제나 일등인데 늘 함께 뛰는 모든 사람에게 앞자리는 본의 아니게 양보하고 마는 겸손한 사람이다. 어릴 때부터 무서워서 그네에는 앉을 생각도 못했던 나에게 제대로 된 운동 자세란 여간 무리한 요구가 아니다. 그런데도 테니스를 시작한 것은 순전히 남편 덕이다. 내 동의도 구하지 않고 테니스장에 레슨 등록을 해 버렸던 것이다. 그렇게 시작한 운동이 테니스, 수영 골프를 거쳐 이제 헬스로 바꾸었다.

운동을 하면서 다치는 일은 빈번히 있었다. 때론 허리를 펼 수가 없어 자동차에 실려 가기도 했지만 침만 몇 번 맞으면 거짓말처럼 거뜬해지곤 했다. 그런데 이제는 조금만 무리하면 그 후유증이 여간 오래 가는 것이 아니다.

개인 트레이닝을 시작하고 첫날에 귀를 의심하고 싶은 말을 들었다. 내 오른쪽 다리가 거의 일 센티미터 가량 왼쪽보다 길다고 했다. 골반의 균형도 어그러져 있고 왼쪽 어깨 근육이 뭉쳐서 올라 와 목이 짧아지고 있다는 것이다. 나로서는 상상도 못한 말이었다. 내가 좀처럼 믿지 못하는 눈치를 보였는지 사진으로 확인까지 시켜 주었다. 그뿐이 아니다. 마치 내 몸을 현미경으로 들여다보듯 짚어내는 근육마다 자지러질 지경으로 고통스러웠다. 다행히 내가 걱정하고 있던 고관절 부위는 스트레칭으로 교정이 가능하다고 했다. 평소 나의 앉음새나 걸음걸이 운동 습관 같은 것들에 문제의 소지가 있었던 것이다.

뒤틀린 골반과 엉거주춤 올라앉은 어깨는 지난날 나의 움직임 하나하나가 만들어 낸 것이리라. 그러나 그 속에는 잘못된 습관뿐 아니라 운동으로 행복했던 보석처럼 빛나는 순간까지 스며들어 있는 것이 아닌가. 싱그럽던 젊은 날 테니스 코트에서의 드높은 웃음소리와 함께 버물려 있는 시간의 축적. 가면 같은 화장으로도 피할 수 없게 달라붙던 햇살과 허벅지를 훤히 드러내 보이던 짧은 치마를 들썩이던 바람 그리고 줄 하나를 두고 신경을 곤두세우며 다투곤 하던 승부욕까지 즐거움으로 녹아 추억이 서려 있는 근육과 관절. 그 속으로 여름날 곧잘 나누어 먹던 수박 속의 새카만 씨앗처럼 퇴행이라는 복병이 점점이 박혀 가며 유유히 걸어가고 있었던 것이다. 오른쪽 골반이 무너지고 왼쪽 어깨가 동산같이 솟아난 지금의 모양새는 사십여 년 핸들을 잡고 세월의 향내를 품고 있는 절집을 찾아서 산길을 누비고 다녔던 흔적과 동해에서 일출을 보고 그 길로 서해안 낙조를 쫓아갔던 무모함이 그대로 드러난 것이리라. 생각이 여기에 미치자 어그러진 내 모양새가, 절고 있는 다리가 마치 오래된 앨범처럼 정겹게 여겨진다.

체형은 이렇게 변했는데 육십여 년 온갖 생각들이 드나들었던 내 마음은 어떨까. 생의 중반을 넘어서서 이십여 년 전 수필이라는 길에 들어서 글 동네를 기웃거리고 있는 나. 내 마음에는 무엇이 쌓여 지금쯤 어떤 모양새를 하고 있는지 문득 궁금하다.

(2014.)

고인의 회갑

시숙의 회갑 날이다. 그러나 그는 고인이 된 지 이미 십여 년이 넘는다. 회갑이란 고인에게는 특별한 의미가 없을지 모르지만 남은 가족에게는 여느 날과 같을 수는 없다. 맏동서가 평소에 자주 다니는 삼각산 승가사에서 영가제(靈駕齊)를 올리기로 했다기에 나도 따라나섰다. 일행이라야 고작 다섯, 그중 한 사람은 이제 겨우 걸음마를 하기 시작한 고인의 손자다.

주지 스님이 어린아이를 배려해 산기슭까지 보내 주기로 한 자동차를 기다리는 동안 새벽의 어스름이 서서히 걷히면서 산의 모습이 드러났다. 아직 시간이 이른데도 자동차 소리로 산의 적요를 깨뜨리면서 많은 사람들이 부지런히 산에 오르는 모습도 보였다.

시숙이 태어나던 날도 오늘처럼 화창했을까. 시숙은 허리가 휘도록 산자락을 일구어야 했던 가난한 농부의 장남으로 태어났다. 어릴 때부터 영민했던 그는 부모에게는 자랑이었고 또한 희망이었다. 중학생 때부터 인근 도시에 있는 학교로 진학한 그는 농번기가 되면 잊지 않고 시골집으로 돌아와 일손이 바쁜 부모님을 도왔다.

어렵사리 대학을 마친 후 사업을 시작하여 어느 정도 여력이 생기자 그가 제일 먼저 한 일은 첩첩 산골에 있는 그의 고향 마을에 수도를 놓은 것이다. 그뿐 아니라 모교나 고향 사람들을 돕는 일에는 누구보다도 열성적이었다. 그러나 생각이 깊은 그는 이런 일들을 자신이 직접 나서지 않고 아버님을 앞세우곤 했다. 가난했던 어린 시절을 생각해서인지 어려운 사람들에게는 무척 후했지만 자신이나 가족에게는 지나치리만큼 검소한 생활을 하게 했다.

시숙의 부음을 듣던 날, 오랜 외국 생활에 몸과 마음이 지쳐 있던 우리를 찾아오셔서 사는 것이 힘들면 아무 걱정하지 말고 귀국하라며 자상한 오라버니처럼 위로해 주던 시숙의 모습이 떠올랐다. 오십도 채우지 못하고 떠났지만 그의 따뜻함이 여전히 가슴을 데운다.

아침 일곱 시에 시작한 영가제는 두 시간이 지나도 끝날 줄 몰랐다. 한참 절을 하고 나니 다리가 휘청거렸지만 스님의 경 읽는 소리는 계속 이어졌다. 맏동서는 옆에서 지성껏 절을 올렸다. 그는 무슨 생각을 하고 있는 것일까. 나는 동서가 눈물을 흘리는 모습을 본 적이 없다. 아니 단 한 번 막내 조카의 졸업식 날 졸업생 대표로 상을 받는 아들을 바라보며 눈물을 글썽이는 것을 보았을 뿐이다. 그토록 남에게 자신의 흐트러진 모습을 보이지 않으려는 분이었기에 혼자 있는 시간에는 더욱 외롭고 힘들었을 것이라는 생각이 든다.

대웅전에서의 재식(齋式)이 끝나자 이번에는 자리를 명부전으로 옮겨 그곳에서 재례(齋禮)를 올린 다음 우리는 스님을 따라 향을 하나씩 들고 밖으로 나왔다. 미리 준비해 간 고인의 옷과 종이로 오려 만든 노자(路資)를 상에 받쳐 들고 간 곳은 그것들을 태우는 장소였다. 거기에는 검은 옷을 입은 화부가 우리 모두가 가야할 길을 알려 주는 저승사자처럼 부젓가락을 들고 고개를 숙이고 있었다.

동서가 한 땀 한 땀 정성스럽게 바느질한 명주옷에 불이 댕겨진다. 시숙이 변변한 옷 한 벌도 해 입지 않은 것을 늘 가슴 아파하던 동서는 지아비에게 한번쯤은 저런 옷을 입혀 드리고 싶었을 것이다. 불이 붙은 옷은 순식간에 까만 재로 변했다. 활활 타오르는 것이 아니라 불길에 몸을 움칠거리듯이 오그라들었다. 연기마저 무슨 미련이 남아 있는 것처럼 주위를 맴돌아 우리의 눈시울을 적시게 했다.

한 줌의 까만 덩어리로 변한 시숙의 옷을 보며 나는 마치 주검이라도 대하듯 숙연해졌다. 누군가가 한 번이라도 따뜻하게 입어 보지 못하고 까만 재로 변한 옷은 마치 많은 가능성을 지니고 태어났으나 제대로 꿈을 펼쳐 보지 못하고 떠나야 했던 한 인간의 모습으로 다가왔다. 불길에 휩싸인 명주옷같이 허망한 것이 우리의 삶인지도 모른다.

갑자기 온몸에 기운이 빠져 서 있는 것조차 힘에 부쳤다. "내려갑시다." 하는 스님의 낮은 목소리에 정신을 가다듬었다. 아침 공양을 권하며 앞서 걸어가는 스님의 뒷모습이 무척이나 정결해 보였다. 무엇이 앳된 얼굴을 한 그를 저토록 의연하게 보이도록 만들었을까.

산을 내려올 때 우리는 저마다의 깊은 상념에 빠져 있었다. 나는 발길에 바스러지는 낙엽의 소리에 귀를 기울이며 검은 재로 변했던 시숙의 옷에 대한 생각을 떨쳐 버리려 애썼다. 그리고 머지않아 거름이 될 낙엽과 그 거름의 기운을 빌어 돋아날 새싹 같은 거역할 수 없는 자연의 순리를 생각했다. 한 생명이 떨어진 자리에 생겨 난, 지금은 제 어미의 등에서 깊은 잠에 빠져 있는 아이가 새싹이 아닌가. 비록 길지 않은 삶이었지만 자신보다는 다른 사람들을 위해 살다 간 시숙을 생각하면, 그의 삶이 거름이 되어 자라게 될 아이가 여간 믿음직스럽지가 않다. 어쩌면 좋은 거름이 되도록 사는 것이 사는 일의 허망함을 극복하는 길이 될는지도 모른다.

고인의 회갑. 장구 소리나 춤사위는 없었지만 고인은 그의 얼굴을 본 적이 없는 손자를 덥석 안고 그 발그레한 뺨에 입이라도 맞추었을까. 아마도 세 아들을 키우며 힘들게 세파를 헤쳐 온 아내에게 "고맙소!" 아니면 "미안하오!" 하고 속삭였을 것이다.

고인의 명복을 빌기 위한 영가제. 그러나 이 의식은 결국 살아 있는 사람들이 받고 싶은 위안을 위한 것은 아니었는지.

(1993)

성공이라는 철책

결혼 후 한 달 남짓 지나서 나는 남편과 한국을 떠났다. 벌써 사십여 년 전이다. 그때는 외국으로 나가는 절차가 왜 그렇게 까다로웠던지 결혼식을 올리고 나서 나는 한 번도 다소곳한 새댁으로 앉아 있지를 못했다.

시부모님의 배려로 시골에 있는 본가로 내려가지 않고 서울 큰댁에서 지내게 된 나는 새 며느리로서 당연히 해야 할 범절 같은 것은 아무것도 차리지 못한 채 바삐 나다녀야만 했다. 오래지 않아 떠나게 될 우리 부부와 함께 지내시려고 큰아들 집에 머물러 계셨던 시부모님은 무엇 하나 제대로 못하는 나를 감싸 주고 보살펴 주셨는데, 지금 돌이켜 보면 그 한 달도 못되는 동안 그분들이 내게 주신 사랑은 참으로 깊고 따뜻했다.

큰댁의 반찬이 내 입맛에는 너무 매워 수저를 들고 당황하는 것을 알아차리시고 슬며시 용돈을 건네주기도 했고 떠날 날이 가까워지자 며칠간이라도 친정에 가 있도록 배려해 주셨다.

공항으로 출발하기 전에 하직인사를 올리고 나서 차마 일어서지 못하고 있는 우리 부부에게 손짓으로 얼른 가라고 하시던 칠순이 넘으셨던 아버님. 아버님은 앞에 놓인 술잔만 침통한 얼굴로 묵묵히 내려다보고 계셨고, 어머님은 성공하기 전에는 돌아오지 말라고 당부하셨다. 그런 말씀을 하시는 어머님의 마음이나 그 성공이 무엇을 뜻하는지도 모른 채 나는 고개를 끄덕였다.

외국 생활을 하면서 처음 얼마 동안은 마치 유배지로 보내진 것 같은 외로움 속에서 나날을 보냈다. 한국을 떠날 때 그 요란스러웠던 공항에서의 작별과 또 그 당시 우리에게 던져졌던 선망의 눈초리는 족쇄처럼 우리를 묶어, 고국으로 되돌아가고 싶다는 생각을 하는 것조차도 죄스럽도록 만들었다. 맨손으로 자갈밭을 매는 것처럼 어려운 날들을 보내면서도 흐르는 시간과 새로 태어난 아이는 차츰 그곳에 내 마음을 잡아 주었다.

아버님이 돌아가신 것은 우리가 한국을 떠난 지 채 삼 년도 지나지 않아서였다. 쉽게 올 수 없을 것 같아 뒤늦게 알린다는 시숙의 편지를 받고 남편은 아버님의 임종도 지키지 못한 불효자라면서 직장도 학교도 나가지 않았다. 나는 아버님의 여읜 슬픔도 슬픔이지만 남편마저 어떻게 될 것 같은 불안에 떨어야 했을 만큼, 그의 슬픔은 곁에서 바라보기 힘들 정도였다.

시숙은 아버님의 첫 제사를 모신 후 얼마 지나지 않아 우리를 찾아오셨다. 먼 이국땅에서 처음으로 한 분뿐인 혈육을 만나는 남편의 기쁨이야 무엇에도 비할 수 없었겠지만 나 역시 친정오라버니를 만나는 것처럼 가슴이 설레었다. 시숙은 처음으로 보는 어린 조카를 품에 안고 간간이 울음을 삼키며 아버님의 이야기를 들려주셨다.

아버님은 우리가 보낸 아이의 사진을 벽에 붙여 놓고 사진 속의 아이에게 '잼잼'이나 '곤지곤지'를 시키기도 하고, 아이를 업거나 안는 시늉을 하며 지내시는 날이 많았다. 또한 당신의 운명을 예측이라도 했던지 전화로 막내아들인 남편의 목소리라도 들으시려고 서울로 올라오셨으나, 사업상 걱정이 많은 큰아들에게 차마 작은아들과 통화를 하고 싶다는 이야기를 꺼낼 수가 없어 그대로 시골로 내려가셨다. 그 후 며칠 지나지 않아 주무시다가 세상을 떠나셨다는 것이다.

아버님의 마지막 원을 짐작조차 못하고 그것을 풀어 드리지 못한 것이 한으로 남는다며 눈시울을 붉히시는 시숙 앞에서 우리는 죄인이 되어 고개를 숙이는 것밖에 아무것도 할 수가 없었다. 판에 박은 문안인사나 자질구레한 선물로 효도를 대신하려 했던 우리는 열 번의 편지보다 단 한 번이라도 생생한 목소리를 듣고 싶어 하셨는데 아버님의 마음을 제대로 헤아리지 못했던 것이다.

그로부터 몇 년 지나지 않아 남편에게는 한 분뿐인 형님마저도 세상을 뜨셨다. 아버님이 돌아가신 뒤 몇 달 동안이나 통곡하셨다는 시숙. 세상을 하직한 그의 나이가 겨우 마흔아홉이었다는 것이 가슴을 더욱 쓰라리게 했다.

이제는 외국에 나가 있는 사람들이 이웃집 나들이라도 하듯이 고국을 오가고 있다. 그뿐인가, 국제전화는 예전의 시외전화만큼도 부담스러워하지 않게 되었고, 휴대폰으로 무인도에서도 통화가 가능하다고 선전하고 있지 않은가.

지난날 나는 그곳에서 고향이 그리워지면 해변으로 나가곤 했다. 갯가에서 태어나 꿈을 키워 온 나에게는 바다는 언제나 고향 같았다. 비릿한 내음을 맡으며 차가운 바닷물에 손을 담그고 이 물이 내 고향 땅도 적시려니 생각하면 조금은 고향에 가까워진 듯 위안이 받곤 했다. 그런데 그때 한번쯤 고향을 다녀온다거나 국제전화를 못할 만큼 그렇게 생활이 어려웠던 것도 아니었다. 지금 생각해 보면 떠날 때 다짐했던 그 '성공'이라는 높은 철책이 고국으로 가고 싶은 우리의 마음을 가로막고 있었던 것은 아니었나 싶다.

우리네 삶에서 '성공'이란 무엇을 의미하는 것일까. 화려한 성공을 위해 많은 소중한 것들을 잃어야 한다면 그 성공이 무슨 의미가 있겠는가. 오히려 소박한 생활 속에서도 자신에게 주어진 작은 것 하나라도 놓치지 않고 살아 가슴에 회한을 남기지 않는 것이 진정으로 성공하는 삶이 아니겠는가.

(1998.)

맏이

그를 생각하면 늘 서울역의 그날이 먼저 떠오른다. 기이하게도 함께 자란 옛집이 아니라 서울역이다. 그에 대한 기억은 서울역의 이별로 시작되는 한 편의 드라마인 것만 같다. 그가 홀연히 떠나 버린 걸 믿고 싶지 않아서일까.

벌써 40여 년이 지난 옛일이다. 까만 교복에 까까머리를 한 중학생이었던 그가 수학여행으로 서울에 왔다가 떠나는 날이었다. 나는 대학 신입생으로 처음으로 집을 떠나 고향 쪽 하늘을 바라보며 눈물짓곤 하던 때였다. 수학여행 온 학생을 왜 서울역까지 배웅을 나가게 되었는지 모르겠다. 겨우 두 달 남짓 지나면 방학인데, 뒷모습을 보이며 기차에 오르는 그를 바라보며 마치 다시는 만날 수 없는 별리의 아픔을 겪듯 가슴이 저려 오던 기억이 아직도 생생하다.

삼 년 전에 그는 떠났다. 이제는 영영 돌아올 수 없는 곳으로 갔다. 상한 간으로 더는 생명줄을 잡고 있을 수가 없었던지, 아니면 꿈을 놓쳐 버린 삶에 더 이상 미련이 없었던지 그는 가 버렸다.

오 남매 중 셋째로 태어난 그를 아버지는 늘 맏이라고 하셨다. 첫째인 나는 그냥 큰딸이었다. 아버지에게 딸은 잠시 조심스레 품었다가 제 임자에게 보내야 하는 존재지만 맏이는 문패고 얼굴이었다. 다행히 준수한 외모에 유순한 성격, 거기에 성적표까지 누구 앞에라도 내놓고 싶게 해 주는 당신의 맏이는 아버지의 삶에 활력이 되었고 자랑이었다. 부모는 자신의 희망을 자식의 가슴에 심는다. 학교에서 보내 온 성적표에 따라 맏이는 미래의 법관이었다. 두 살 터울의 억센 동생에게 무슨 일에나 양보만 하려고 드는 맏이를 대범하다고 기특해하셨고 벌레 한 마리로 못 죽이는 아들을 심성이 착하다고 하셨다. 아버지의 희망대로 그려진 맏이의 인생에 대한 밑그림은 그대로 그의 꿈이 되었다.

시골 중학교에서 서울의 명문 S고등학교에 당당히 합격해 맏이에 대한 아버지의 믿음을 확인시켰다. 그러나 당연한 코스로 여겨졌던 S대 법대 진학에 실패하면서 처음으로 그는 아버지를 실망시켰다. Y대 정외과를 선택했던 그는 사법 고시 대신 행정 고시로 진로를 바꾸었다. 행정 고시도 그의 뜻대로 되지 않자 그는 방황하기 시작했다. 스스로 결정한 것은 아니었지만 어릴 때부터 정해졌던 삶의 목표가 흔들리자 그는 방향을 잃어버린 선박처럼 표류했다. 투철한 사명감도 없이 운동권이 되기도 했고, 그것에 발목이 잡혀 사회생활에 어려움을 겪기도 했다. 전공과는 상관없는 수학 강의 실력을 인정받아 유명 학원의 강사로 한동안 안정을 찾는 듯도 했으나 그의 길이 아니었는지 한 곳에 안주하지 못했다.

기대가 컸던 만큼 절망도 깊었으리라. 맏이가 방황하며 현실에 제대로 적응하지 못한다는 것을 아버지는 믿으려 들지 않았다. 돌아가시는 날까지 맏이에 대한 희망을 포기하지 못하셨다. 아버지에게 맏이란 어떤 시련 앞에서도 흔들려서는 안 되는 것이었다.

맏이의 외동딸이 호흡기 질환으로 뉴질랜드로 가서 학교에 다녀야 했고 그는 기러기아빠가 되었다. 한때는 제법 규모가 큰 입시 학원을 경영하며 재력으로 맏이의 역할을 해 보이려고 했다. 그러나 그마저도 여의치가 않았다. 학원 경영이 어려움에 처하자 도움을 청하는 대신 그는 술과 담배에 숨어들었다. 무능한 가장이 되면서 이국에 있는 가족과도 멀어졌다. 무절제한 생활로 얻은 병. 처음에는 단순한 급성 황달이었다. 의사의 지시대로 술과 담배를 끊었다면 치유될 수 있었다. 그러나 그는 자신에게 닥친 상황을 외면하고 그대로 술과 담배에 의지했다. 누구도 맏이가 그렇게 나약하다는 것을 믿으려 하지 않았고 금방 건강한 모습으로 돌아올 것으로 생각했다. 때로 그는 술에 취한 목소리로 전화를 했다.

"맏이가…."

병이 악화되고 더 이상 손을 쓸 수 없는 지경이 되어서야 그는 나에게 도움을 청했다. 이미 병원에서 포기한 그를 위해 내가 할 수 있는 일이 무엇이 남아 있었을까. 한번은 지리산에서 약초로 병을 다스리는 사람이 있다고 해서 함께 찾아갔다. 생명의 불꽃이 꺼져 가는데도 마치 나들이라도 나온 것처럼 마냥 즐거워하는 모습이 꼭 철없는 아이 같았다.

어머니의 설득으로 사찰에서 운영하는 요양원을 겸한 병원에 들어갔다. 거기에서 비로소 마음의 평화를 얻은 것 같았다. 눈을 감은 그는 너무나 편안해 보였다.

무엇이 그를 치열한 투병 생활이나 생에 대한 애절한 집착도 없이 간단히 생의 끈을 놓게 만들었는지. 돌이켜 보면 그는 심성이 착하고 의지력이 약한 평범한 인간이었을 뿐이었다. 어린 시절 그를 돋보이게 했던 맏이라는 외투. 산다는 일은 무거운 겉옷을 벗고 숨 가쁘게 뛰어도 어느 순간 털썩 주저앉게 만들지 않던가. 심약한 맏이는 제 몸에 맞지 않은 옷을 벗어 버릴 용기도 없었던 것이다.

지난 삼 년, 여느 때보다 나는 그를 자주 보았다. 누군가의 뒷모습에서 가슴이 철렁 내려앉기도 했고, 부드럽고 낮은 목소리에 목이 꺾일 만큼 뒤돌아보기도 했다. 때론 허공을 향해 내뿜는 담배 연기에서, 검은 뿔테 안경에서, 엘리베이터에서, 거리에서, 어디에서건 그는 웃기도 했고 찡그리기도 했다.

이제 그를 보내야 할 때가 된 것 같다. 그러나 마지막으로 그에게 전할 수만 있다면 꼭 말하고 싶다. 그가 잠든 땅을 파고 목소리를 묻으면 그에게 전해질까.

"미안해! 짐을 나누어 들어 주지 못한 누나를 용서해."

(2008.)

아름다운 명분

직장 근처에 공원 같은 묘지, 국립 현충원이 있다. 특별히 참배해야 할 가슴에 묻어 둔 사람이 그곳에 있는 것은 아니지만, 출근길에 강변을 달려오다가 현충원의 산자락이 눈앞에 펼쳐지면 마치 자석에라도 끌리듯 그 앞에서 주춤거리게 된다. 더구나 비라도 내리는 날이면 다행히 출근 시간에 얽매이지 않아도 되는 나는 자연스레 그곳으로 발길을 돌린다.

일터를 현충원과 가까운 곳으로 옮기고도, 몇 해 동안 그곳을 드나드는 일은 엄두도 내지 못했다. 그러나 온종일 빌딩 속에 갇혀 있는 나에게 현충원의 산자락은 계절을 알려주는 전령 같은 것이었다. 겨우내 정적이 감돌던 산자락에 무언지 모를 부산스러움과 나목을 스쳐 온 바람에 흙냄새가 실리면 나는 봄이 멀지 않았다는 것을 안다. 부끄럼 타는 소녀의 볼처럼 발그레해진 산자락에서 물오른 나무들이 내뿜는 숨에 촉촉한 기운이 느껴지면, 나는 곧 다가올 여름날의 열기를 예감한다. 불꽃처럼 타오르던 단풍이 노을빛으로 변하기 시작하면 이내 다가올 추운 날들에 대한 경고처럼 여겨져 하루를 시작하는 마음을 다잡곤 했다.

이렇게 멀리서만 바라보던 현충원에 들어갈 수 있는 계기를 마련해 준 이는 같은 건물에서 일하고 있어 이따금 마주치게 되는 사람이었다. 우연히 그의 오빠가 그곳에 안장되어 있다는 것을 알게 된 어느 날 그와 동행하였는데, 그 안에 '호국지장사'라는 절이 있다는 것도 알게 되었다. 현충사에 들어가고 싶은 날이면 나는 조금은 양심의 가책도 받아 가며 임시 불자가 되어 절을 핑계 삼아 그곳을 드나들었다.

현충원을 들어서면 먼저 육군과 해병이 나란히 호위하고 있는 현충문을 만난다. 그 앞에는 두 마리의 사자상이 있는데, 그 사자들은 서로 마주 보고 이빨을 드러내고 있다. 마치 서로 싸우기라도 하려는 모양새인데, 왜 그런 형상으로 만들어졌는지 나로서는 그 깊은 뜻을 헤아리기 어렵다.

이곳에도 이승의 위계 질서는 그대로 옮겨져 있다. 말끔히 단장된 대통령 묘소나 사자상의 옹위를 받는 장군 묘역은 세상을 향해 목소리를 키웠던 만큼이나 높은 자리에 안치되어 있다. 부모님께

작별인사도 드리지 못하고, 아내의 손 한 번 제대로 잡아 주지 못한 채 황망히 떠나왔을 젊은 영령들은 산허리를 지나 나지막한 평지에 다소곳이 잠들어 있다. 어느 영혼인들 가슴 저미는 사연이 없을까마는, 비석에 이름 석 자도 새겨 넣지 못하고 위령탑으로만 영혼을 달래야 하는 영령들은 더욱 마음을 아프게 한다.

참배객들을 위한 배려이겠지만 이곳에는 앉아서 쉴 수 있는 자리도 여러 곳에 마련되어 있고 운치 있는 정자도 더러 눈에 띈다. 또한 그리 넓지는 않지만 삼림욕장까지 있어 바위에 걸터앉아 나뭇잎에 걸러진 햇살 사이로 한강을 바라보는 즐거움도 누릴 수 있다.

이곳을 찾아오는 사람들 모두가 참배만을 위해 오는 것은 아니라 더러 나 같은 사람도 있는 모양이다. 챙이 넓은 모자를 눌러쓰고 경보를 하는 사람들이 있는가 하면 친구와 다정히 이야기를 나누며 산책하는 이들도 있다. 또한 표정이 온화해 보이는 노인들이 정자에서 담소를 즐기는 모습도 눈에 띈다. 지팡이에 의지해 간신히 한 발짝 한 발짝을 옮기는 중년의 여인은 생의 어느 모퉁이에서 관절이 내려앉았는지 손이라도 잡아 주고 싶다.

산자락이 품고 있는 약수터에는 물통을 들거나 배낭을 메고 차례를 기다리는 사람들이 있는가 하면 아예 손수레를 끌고 온 이들도 간혹 보인다. 살아 있는 사람들이 생명의 줄을 조금이라도 오래 잡고 있고 싶어 이른 새벽부터 죽은 영혼들의 안식처로 모여드는 것이다.

어제 내린 비 덕분에 오늘 햇살은 더없이 밝고 투명하다. 신선한 바람까지 보태어져 그렇게 쾌적할 수가 없다. 연못가에 앉아 간간이 들려오는 새소리를 들으며 물속을 들여다본다. 물빛이 탁하다. 제 몸이 유난히 흰 물고기는 그 속에서도 선명하게 자신의 모습을 드러낸다.

현충원을 드나들면서 나는 늘 만약 우리의 역사에 치욕스러운 일제 강점기나 육이오 같은 전쟁이 없었다면 이런 국립묘지를 만들 필요가 있었을까 하는 생각을 한다. 나라를 빼앗겼던 암울한 시기는 애국지사를 가려내었고, 내세울 만한 명분이 없었던 월남전이나 동포끼리의 총 겨루기가 결국 순국선열을 만들지 않았던가.

살아 있는 사람들은 나라를 위한다는 아름다운 명분으로 스러져 간 죽음을 추앙하지만 누구도 그런 죽음의 상황에 처하고 싶지는 않을 것이다. 과거사를 청산하고 개혁에 박차를 가한다고 온 나라가 술렁이고 있다. 어쩐지 두려움이 앞선다. 우리는 무엇을 위해 달려가고 있는 것일까. 이웃 나라에서는 국력을 앞세워 남의 나라 역사마저도 변조하려 하는 시기에 우리는 서로 마주 보며 손가락질을 하고 있는 것은 아닐까.

이제는 더 이상, 아름다운 명분일망정 그것을 위해 자신을 희생해야 하는 사람들이 나오게 되는 그런 역사만은 만들지 않았으면 좋겠다.

(2004.)

컬링

구월이 오면 남편은 일에서 놓여난다. 매일 아침 콧등에 걸친 안경 너머로 세계 각국에서 들어오는 세계컬링연맹에 관한 일로 컴퓨터와 씨름을 하는 것에서 해방이 되는 것이다.

이십여 년 전 나를 실질적인 가장으로 만들어 놓은 남편이 전혀 그와 어울려 보이지 않는 새로운 일을 시작했다. 그가 경영하던 사업체가 부도가 나기 전부터 사업상 가깝게 지냈던, 당시 세계컬링연맹의 회장이 부탁했던 일이었다. 컬링이라는 이름도 생소한 스포츠를 한국에 들여오는 일에 발을 들여놓았다. 그때까지 그가 해 온 운동이라면 이따금 마지못해 나가는 골프 정도였을까. 그것도 한때 테니스에 내가 그랬던 것처럼 침대에 누워서도 눈으로 천장에다 테니스 코트를 그리곤 할 만큼 깊숙이 빠진 것이 아니라 골프장을 나서는 순간부터 다시 일 걱정을 하는, 사업상 마지못해 겨우 곁눈질이나 했을 뿐이다.

그런 사람이 얼음판에서 공을 굴리고 빗자루로 쓸고 하는, 내 생각으로는 스포츠라고 하기엔 어딘지 어색해 보이는 것을 한국에 들여오겠다고 동분서주하는 것이었다. 처음 얼마 동안은 어쩌면 그것이 우리 가족의 살림살이에 무언가 보탬이 될지도 모른다는 기대에 부풀기도 했다. 당시 나는 난생처음 '먹고 사는 일'의 절박함에 뒷덜미를 잡혀 있었다.

다행히 88하계올림픽 이후 관심이 동계 스포츠로 움직이던 때라 어렵지 않게 컬링을 국내의 모기업과 연결시킬 수가 있었다. 세계연맹의 지도 아래 한국에서 컬링이라는 스포츠가 조금씩 보급되기 시작했지만 정작 내 기대와는 달리 그의 노력은 결코 물질적인 것으로 환산되는 일은 일어나지 않았다.

남편의 일이 생활에 전혀 도움이 되지 않는다는 것을 안 후로 나는 그의 일에 무관심해졌다. 정확히 말하면 그것이 우리 가족의 '먹고 사는 일'에 끼어드는 일이 없도록 확실하게 빗장을 걸었다. 회의니 훈련이니 하며 자주 외국을 드나들고 또 지방으로 내려가곤 했지만 나는 전과는 달리 출장 가방을 꾸리는 것조차 눈여겨본 적이 없다. 남편 역시 나에게 더 이상 컬링에 대한 이야기는 하지 않았다.

평창 동계올림픽에 대한 뉴스가 연일 텔레비전에서 보도되면서 이따금 컬링이라는 말이 언급되기도 했지만 그것이 올림픽 종목이라는 게 도무지 이해가 되지 않았다. 동계 스포츠라면 적어도 스키를 타고 눈보라를 일으키며 산허리를 굽이굽이 누비거나 얼음판을 화려한 예술의 무대로 만들 수 있어야 하는 게 아닌가. 그것도 아니라면 적어도 눈밭이나 얼음판에서 화살 같은 속력이라도 보여 주는 정도는 되어야 하는 게 아닌가 싶었다. 얼음판의 체스라니. 그것도 하필 빗자루를 들고 체스를 하다니.

해가 지나면서 세계연맹에서 남편이 하는 일이 많아졌는지 외국으로 나가는 일이 잦아지고 그 기간도 늘어났다. 그런데 얼마 전 외국으로 출장을 다녀오더니 갑자기 사람이 완전히 달라진 것 같았다. 어느 날은 거실 한가운데 마치 혼이 빠져나간 사람처럼 우두커니 서 있는가 하면 이튿날은 별것도 아닌 일에 불같이 화를 내곤 했다. 처음 며칠은 피로가 누적되었거니 생각했다. 그러나 공연히 화부터 내는 그를 나 역시 참고 넘기는 것도 쉽지 않아 자연히 말다툼으로 이어져 마침내 그의 하소연을 듣게 되었다.

이십여 년을 열심히 노력한 결과였는지 세계연맹에서 그는 상당히 중요한 직책을 맡고 있었다. 그리고 차기에는 세계연맹의 부회장으로 물망에 올랐다. 물론 선거를 통해 결정될 일이지만 아시아권에서는 처음으로 만들어진 자리로 어느 정도 승산이 있는 것이라 했다. 그러나 자국의 추천이 있어야 도전해 볼 수 있었다. 불행히도 국내 연맹 측에서는 그가 나서도록 문을 열어 주지 않았다. 오히려 세계연맹에서 남편이 나올 수 있도록 도와 줄 것을 한국연맹에 부탁까지 했다. 그래도 한국에서 대표로 내세우기를 원하는 사람은 남편이 아니었다. 국내 연맹에서 원하는 사람은 세계연맹에서 받아들여지지가 않았다. 남편으로서는 국내 연맹이 야속하게 여겨질 수밖에 없었다.

마치 실연이라도 당한 것처럼 허망해하는 그를 어느 정도 이해할 수 없는 것은 아니었다. 그러나 이십여 년 생활비는 고사하고 자신의 용돈조차 해결할 수 없었던 일이 아닌가. 숨이 턱에 차도록 힘들었던 나날들을 오롯이 내 몫으로 받아들였던 것을 생각하면 컬링이 식욕을 잃고 망연자실할 만큼 그의 삶에 큰 비중을 치지하고 있다는 것을 쉽사리 받아들이고 싶지가 않았는지 모르겠다. 마음에 둔 말은 아무리 조심을 해도 어느 날 불쑥 나오고 마는 것인지 나는 그만 그 말을 뱉어내고 말았다. 실의에 빠진 그를 위로한답시고 그동안 그가 하는 일이 가족에게 큰 긍지가 되었노라고, 부도 후에도 주저앉지 않고 열심히 살아 주어 아이들에게 큰 도움이 되었노라고 말하면서 그만 불쑥 “그까짓 컬링이 뭐라고….” 하고 말았다.

그런데 내가 뱉어낸 말로 인해 순간 나 자신도 놀랄 만큼 확연히 드러나는 것이 있었다. 누구보다도 먼저 그의 일에 빗장을 걸었던 사람은 그의 옆자리에 있는, 동반자가 되겠노라고 약속했던 나였다는 사실이다. 혹시라도 그것이 내가 애써 꾸려 가는 '먹고 사는 일'의 문턱을 넘어 올세라 그의 일을 외면하고 내심 '그까짓 컬링'이라 단정해 버렸던 것이다.

컬링이란 손잡이가 달린 티라 부르는 둥근 돌을 하우스라는 원의 중심에 가깝게 밀어 보내고 빗자루로 얼음 조각이나 눈가루를 제거하여 목표 지점 가까이 갈 수 있도록 하는 운동이다. 돌이켜 보니 지난 이십여 년 생활이라는 둥근 티를 밀어내고 있는 나를 도와 아이들을 제대로 키워 내기 위해, 가족을 지키기 위해 그는 컬링이라는 도구로 열심히 비질을 하고 있었는지도 모르겠다.

컬링, 그것은 어쩌면 그에게는 남편의 자리이며 아버지의 길이 아니었을까.

(2014.)

소리의 길

환절기가 되면 통과의례처럼 감기를 앓는다. 가는 계절에 대한 이별 의식인지 오는 계절에 인사치레인지 모르지만 일 년에 서너 번 환절기에 감기와 조우한다. 이제 웬만큼 서로 알아 익숙한 벗을 대하듯 가벼운 마음으로 더불어 이틀쯤 보내면 슬며시 떠나곤 했다. 그런데 지난해 초겨울 감기가 머무는 기간이 길어져 지루하고 힘들었다.

올해는 예방접종을 하고 조금쯤은 느긋한 기분으로 그냥 지나쳐 주겠거니 믿었다. 그런데 하필이면 함께 일하는 사람이 시어머니 상을 당해 자리를 비우는 기간에 감기가 방문한 것이다. 명절날을 빼고는 일 년 내내 문을 열어야 하는 상가에서 옷 가게를 하는 나로서는 어쩔 수 없이 감기를 동반하고 일을 할 수밖에 없었다. 예방 덕분인지 감기는 몸 전체로 내려가지는 않고 목에 머물러 움직이지 않았다. 처음에는 목소리가 갈라져 쇳소리가 났다. 나는 평소대로 말을 하는데도 성대의 진동이 일정치가 않은 모양이다. 성대의 진동이 빠르면 소리가 높아지고, 느리게 진동하면 알토나 베이스처럼 낮은 소리가 난다고 한다. 그런데 내 성대를 통과한 공기는 높고 낮은 소리를 불규칙하게 만들어 어느 때는 동시에 두 사람이 말하는 것 같기도 하고 때로 절박한 부르짖음 같은 소리가 되기도 했다.

말은 소통을 위한 필수 조건이다. 장사는 대화로 고객의 마음에 다가서는 것이라 생각해 왔다. 어쩔 수 없이 숫자에 연연해하지 않기로 마음먹고 고객을 대했다. 그런데 이상하게도 매출에는 별로 차질이 없었다.

매장에 고객이 들어오면 표정과 몸짓으로 목소리를 대신했다. 처음에는 의아해하다가 이따금 내지르는 괴성에 알겠다는 듯 웃고는 오히려 고객 쪽에서 먼저 이야기를 하였다. 내가 할 수 있는 일은 열심히 듣는 것이다. 나보다 고객 쪽이 말을 많이 하면서 상품을 찾는 데도 오히려 적극적이 되었다. 뒤에서 시중을 드는 정도가 내가 하는 일의 전부가 되기도 했다. 그리고 흡족해하는 고객을 보노라면 이건 뭐가 잘못된 게 아닌가 싶어질 지경이었다.

이 일에 뛰어든 지 벌써 15년이 넘는다. 장사에 대해 아무것도 모르는 나는 처음에는 빈 들의 허수아비처럼 자신이 초라하고 쓸모없게 여겨졌다. 그러나 시간이 지나면서 차차 고객과 마음으로 이어지기 시작했고 일에 대해 자부심도 갖게 되었다. 고객을 대응하는 방법에도 나름대로 자신감을 갖게 되었다. 그런데 반벙어리 상태로 이틀을 보내고 나니 그동안 고객을 대해 온 나의 태도에 대해 다시 생각해 보게 되었다.

우리가 사는 세상은 소리로 가득하다. 모든 동식물들은 청각상의 제자리가 있어 그것을 통해 서로 교신하고 소리의 길이 다른 우리 인간들은 다른 길을 통과하는 소리는 듣지 못한다는 것이다.

우리는 어떤 소리의 길을 사용하는 걸까. 마음으로 가는 길은 어떤 주파수일까. 서로 같은 소리의 주파수를 사용해 응당 소통에 어려움이 없어야 할 것 같지만 실제로 말로 빚어지는 오해가 침묵으로 파생되는 단절보다 더 빈번하게 일어나는 것은 어떻게 설명해야 할까.

성대의 진동이 제 기능을 한다. 그러나 나는 고객에게 어떻게 다가가야 할지 혼란스러운 이즈음이다.

(2008.)

대마도의 꽃무릇

언젠가 한번쯤은 대마도를 가 보리라 생각하게 된 것은 소설 ≪덕혜옹주≫를 읽은 후부터였다. '제국의 꽃으로 피어 망국의 한으로 져 버린' 한 여자의 일생에 대한 자취를 잠시라도 가까이에서 더듬어 보고 싶었다.

부산에서 뱃길로 한 시간 십 분이면 닿을 수 있는 대마도의 9월은 힐링이라는 말이 떠오를 만큼 한적하고 정갈했다. 사람들의 시선을 피하듯 초라하고 처연하게 서 있는 덕혜옹주 결혼 봉축비가 유일하게 옹주의 자취로 남아 있었다. 그 비석마저 옹주의 이혼 후 쓰러뜨려 놓았다가 관광객을 의식해 다시 세워 놓았다고 했다. 그래서일까, 비석 앞에 놓인 울긋불긋한 조화가 마치 누군가를 조롱하는 듯해 나는 서둘러 발길을 돌렸다.

덕혜옹주는 헤이그 밀사 사건을 빌미로 일제에 의해 폐위당한 후 외로운 말년을 보내는 고종이 환갑에 얻은 딸이다. 옹주에 대한 지극한 사랑은 고종을 임금이 아닌 자식을 사랑하는 평범한 아버지로 만들었다고 한다. 한 예로 고종이 늦은 밤에 딸을 보러 젖을 먹이던 상궁의 방에 느닷없이 들어서자 상궁이 예를 갖추려고 일어서려 했으나 고종은 옹주가 깰 것을 염려해 그대로 누워 있게 했다는 것이다. 그 시절로서는 상상도 할 수 없는 일이었다. 옹주에 대한 고종의 사랑은 옹주가 자신이 황녀라는 사실을 선명하게 각인시켰던 게 아닌가 싶다. 훗날 옹주가 결혼한 소 다케유키 가(家) 사람들 모두가 일본 황실이 보이는 쪽을 향해 엎드려 절을 했으나, 옹주만은 자신이 조선의 공주이므로 절을 할 수 없다고 꼿꼿이 그대로 서서 조선의 자존심을 지켰다고 한다.

한시도 자신이 황녀라는 사실을 잊지 않고 살아가는 여자와 자신의 뜻과는 상관없이 정략 결혼을 해야만 했던 남자의 삶은 어땠을까. 아버지를 독살했다고 의심하는 원수의 나라에서 그 나라의 남자와 강압에 의한 결혼을 받아들일 수밖에 없는 여자, 아버지의 돌연한 죽음과 살아 있는 것 자체를 저주하고 자괴감에 빠져 조발성 치매라는 정신질환을 앓고 있는 여자를 아내로 맞아 살아야 했던 남자는 과연 행복할 수 있었을까.

소 다케유키, 그는 대마도 번주 집안인 소 가문의 37대 당주로 황녀를 아내로 맞기엔 너무나 기우는 위치였다. 동경대학에서 영문학을 공부한 그는 훗날 대학교수가 되었으며 화가이며 시인이기도 했던 섬세한 예술적 감성의 소유자였다. 어린 나이에 부모를 여읜 외로운 다케유키와 결혼한 옹주는 동병상련 때문이었는지 한동안 평온한 생활에 정착하는 듯 행복한 아내의 모습을 보이기도 했다. 그러나 딸 정혜를 낳은 후 정신질환이 악화되었다. 산후 우울증이라고들 하지만 딸을 조선으로 데려가고 싶어 했던 옹주가 현실에 안착하지 못하고 돌아갈 수 없는 조선에 대한 그리움만 키워 갔기 때문이 아니었을까 싶다. 조센징의 피가 흐른다는 이유로 학교에서 이지메를 당하는 정혜는 조선의 혈연을 부정하려 들었고, 그것이 옹주의 정신분열증을 더욱 악화시켰을 것이다. 일본 패망 후 재정적인 이유로 더 이상 아내를 돌볼 수 없게 된 다케유키는 그녀를 정신병원에 입원시켰다. 그리고 딸을 결혼시킨 후 마침내 영친왕과 합의하에 불행했던 결혼 생활을 끝내고 만다. 딸 정혜마저 자살한다는 유서를 남기고 사라진 후 끝내 시신을 찾지 못한 다케유키는 죽는 날까지 딸의 죽음을 받아들이지 못했다. 그는 항아리에 진주 한 알을 넣고 상자에 담아 장례에 대신했다고 한다.

사진으로 본 다케유키는 훤칠한 키에 선량한 눈을 가진 잘생긴 청년이었다. 그의 외모와 그가 섬세한 예술가의 감성을 지녔을 거라는 추측은 일반적으로 가지게 되는 일본인에 대한 반감에도 불구하고 왠지 그를 두둔하고 싶게 만들었는지 모르겠다.

다케유키의 시 〈사미시라〉, '환상 속의 아내를 그리워하는 노래'는 이렇게 시작한다.

미쳤다 해도 성스러운 신의 딸이므로/ 그 안쓰러움은 말론 형언할 수 없다/ 혼을 잃어버린 사람의 병구완으로/ 잠시 잠깐에 불과한 내 삶도 이제 끝나가려 한다.(중략)

나의 넓지 않은 가슴 한편에/ 그 소녀가 들어와 자리 잡은 지 이미 오래인 것을,/ 마치 마음 놓고 쉴 틈도 없는 것처럼/ 조신하게 무릎을 딱 붙이고 앉아 있다.(중략)

남모르는 죄를 진 사람이/ 정해진 대로의 길을 가는 것처럼/ 언젠가 너를 만나고 싶다고/ 정처 없이 나는 방황하고 있다.

봄이 아직 일러 옅은 햇볕이/ 없어지지 않고 있는 동안만 겨우 따뜻한 때/ 깊은 밤 도회지의 큰 길에 서면/ 서리가 찢어지듯 외친다. 아내여, 들리지 않니 정신분열증을 앓고 있는 아내를 감금시키고 이혼해 버린 냉혹한 사람으로 알려진 다케유키의 시는 이렇게 마지막을 절규하듯 끝낸다. 그는 정말 냉혹한 사람이었을까. 다케유키가 진심으로 옹주를 사랑했다고 믿고 싶은 것은 저승에서나마 그것이 옹주에게 작은 위안이라도 되었으면 하는 마음 때문이다.

대마도는 꽃무릇이 한창이었다. 꽃무릇은 불행했던 덕혜옹주와 "그 25년은 내 인생의 공백기이다"라며 자신의 결혼 생활을 침묵해야 했던 다케유키의 상처만 남은 가슴인 양 핏빛으로 타올라 그 누구에게도 알려지지 않은 아픈 사연을 지닌 채 그 꽃말처럼 슬픈 추억을 보여 주는 듯해 자꾸만 눈길이 갔다.

아마 사미시라가 내게 미친 영향이 아니었나 싶다.

(2014.)

모조품

마음이 스산하고 사는 일이 누추하게 여겨지는 날이 있다. 어느 직업이든 나름대로 어려움이 따르겠지만 많은 사람을 상대하다 보면 때로 자신에게 모멸감을 느끼게도 되고 또 한없이 초라해지기도 한다. 그런 날은 라디오의 볼륨을 높여 음악의 선율에 마음을 풀어놓고 운전을 했었다. 그러나 걷는 것보다 수월하던 운전도 이즈음은 예전같이 편치가 않다. 무엇보다 그 역시 부질없는 방황으로만 여겨지는 것이다.

그런 내게 마음을 푸근히 담글 수 있는 온천 같은 휴식처가 생겼다. 오랜 외국 생활을 접고 아들네가 돌아왔다. 며느리가 착하다는 것만 믿고 갓 두 돌이 지난 손녀가 있는 아들네를 자주 드나든다. 돌덩이같이 무겁던 마음이 손녀와 놀다 보면 사르르 풀어지고 마는 것이 무슨 마법에라도 걸린 것 같다. '논다'는 표현이 이 나이에 어색하기도 하지만 달리 무어라 할지 모르겠다. 나는 아이의 친구가 된다. 이 아이는 다섯 살 위의 제 언니가 하는 것이면 무엇이든 그대로 따라한다. 그리고 '할미'인 나에게 시킨다. 나 역시 기꺼이 따라한다. 혈연의 당김이라는 말로밖에 설명할 수 없는 신비한 조화. 마음에 김이 모락모락 오르는 기분이다. 천진한 아이와 더불어 기억의 저편에 묻혀 있는 나의 유년을 끌어 올리고 그 안에서 위안을 받고 있는지도 모르겠다.

며칠 전이다. 현관을 들어서는 내게 느닷없이 '따라쟁이'라고 불렀다. 아마 제 언니가 저를 그리 부른 모양이다. 아이와 둘이 서로 '따라쟁이'라 부르며 놀았다. 집으로 돌아오는 길에 아이와 보낸 시간의 여운이 남아 혼자서 따라쟁이를 노랫말처럼 흥얼거렸다. 한참을 그 말을 중얼거리다 보니 그것이 내게 전혀 어색하지 않다는 생각이 드는 것이다. 내가 정말 따라쟁이가 아닌가 싶어지는 게 아닌가.

20년 가까이 옷 장사를 하고 있다. 이제 고객들은 내가 전문가라도 되는 줄 아는지 옷에 대해 이것저것 묻곤 한다. 옷이라면 직물을 체형에 맞게 디자인한 것이라 해도 과히 틀린 말은 아닐 것이다. 직물이나 디자인에 관해 이렇다 할 전문 지식이라고는 없는 사람이 오랜 기간을 곁눈질로 얻은 것으로 고객의 요구에 따라 응대를 하다 보니 전문가처럼 보이는 것이리라. 이따금 매장이 한가할 때면 상가를 돌아다니며 마네킹에 입혀 놓은 옷을 살펴본다. 유행의 흐름을 읽으려는 것이다. 또한 젊은 사람들의 패션 감각에 뒤지지 않도록 옷의 배색이나 장신구들을 눈여겨보아 둔다. 그리고 조금씩 모방하여 매장 마네킹의 옷을 바꾸어 입히고 고객들에게 유행에 맞도록 옷을 권한다. 나는 역시 따라쟁이다.

수필 언저리를 맴돈 지 벌써 20여 년이 되었다. 좋은 글을 쓰고 싶다는 열망은 늘 품고 살지만 기질이 게으르고 매사에 느슨한 나는 무언가를 치열하게 한다는 것에 도무지 익숙해질 수가 없다. 꾸준히 습작을 하는, 글쓰기가 생활이 되는 사람들에게 한없는 존경을 보내지만 바쁘다는 핑계로 습작은 방학 숙제 미루듯 한다. 그러면서도 얼핏얼핏 얼굴을 들이미는 글쓰기에 대한 부담 때문인지 책은 손에서 놓지 못한다. 청탁이 오면 그때서야 발등에 불이라도 떨어진 듯 허둥거린다. 평소 깊은 사색이 없는 나에게 소재가 쉽게 찾아올 리 없다. 시집을 늘어놓고 뒤적거리기도 하고 하릴없이 텔레비전 채널을 열심히 돌려보기도 한다. 무분별한 독서가 때로 창의적인 글이나 사고를 방해하는 건 아닐까 싶기도 하다. 가까스로 백지를 조금씩 메우다 보면 어디선가 읽어 본 것 같은 문장이 곳곳에 눈에 띈다. 분명히 내가 글을 쓰고 있는데도 이미 오래 전에 누군가가 했던 말들을 그대로 옮기고 있는 것만 같다. 읽은 것을 분석하고 저장했다가 끄집어 낸다면 그것이 나의 것일까.

'일정한 형식 없이 붓 가는 대로 쓰는 글'을 수필이라고 한다. 이 간단한 문장에는 진실한 마음과 세상을 향한 따뜻한 시각이 뿌리내려서 맑은 옹달샘을 찾아 땀 흘리며 산을 오르듯 꾸준한 습작이라는 줄기에 아름다운 꽃을 피운 것이 수필이라는 말이 함축되어 있다고 생각한다. 사물에 대한 깊은 통찰력, 더 나아가 철학적인 사색이 수필이라는 꽃을 더 향기롭게 한다는 설명이 내포되어 있을지도 모르겠다. 나에게 수필은 다가갈수록 높아지는 벽이기도 하다. 부족한 재능과 게으른 자신을 알면서도 수필 언저리에 머뭇거리고 있는 것은 어릴 때부터 가져온 글 쓰는 사람에 대한 동경이나 환상 때문일 것이다.

가끔 뉴스를 통해 짝퉁이라 불리는 명품의 모조품이 적발되는 것을 본다. 상품의 연구 개발 과정이 없이 남의 것을 그대로 베껴 놓은 것이다. 마음의 창으로 바라본 풍경과 금속을 재련하듯 문장에서 옥과 티를 골라내는 힘든 습작 과정을 거치지 않고 책에서 낟알 줍듯 채집한 생각을 그대로 펼쳐 놓은 글에 수필이라는 이름을 붙인다면 그것은 모조품이 아닐까.

글이 곧 사람이라 한다. 누구보다 자신을 잘 알고 있는 나는 인품의 향이 배어나는 글을 기대할 수는 없다. 아이와 손잡고 유년의 뜰로 돌아가 잔재주로 덧칠한 모조품이 아니라 어린아이의 웃음소리가 묻어 있는 순정한 글 한 편 건져 내고 싶다. 이 희망을 품고 한동안은 글 주변을 맴돌아야 할 것 같다.

(2011.)

Chapter 5

기도

황량한 공사 현장의 스산한 바람 사이에서 꽃망울을 터뜨린 목련을 바라보며 상념에 빠진다. 어렵사리 장만한 내 집에 행복의 문패를 달았을 늠름한 가장의 모습, 봄이면 꽃모종을 심던 이들의 따뜻한 손길과 차마 떠나지 못해 몇 번이고 돌아보곤 했을 사람들의 눈길을 목련은 아직도 기억하고 있었던 것은 아닐까.

셀로판테이프

예정일보다 일주일이나 늦게 나온 큰아이가 생후 처음으로 예방접종을 받을 때였다. 엉덩이에 주삿바늘이 들어가도 움찍도 않더니 접종을 마치고 나서야 울음을 터트렸다. '이 녀석 누굴 닮아 이리 둔하나.' 했었다. 이제야 알겠다. 나를 닮았다. 사십 년이 지나서야 큰아이가 나를 닮았다는 걸 알아차릴 만큼 나는 둔하다.

오늘도 그랬다. 친구가 "너 좀 쉬어야겠다."고 했을 때는 내가 좀 지쳐 보이나 하고 흘려들었다. 그런데 퇴근길에 며칠 전 버릴 곳이 마땅찮아 차에 가져온 셀로판테이프를 보면서 문득 그 말이 생각났다. 주먹만 한 크기로 뭉쳐진 셀로판테이프가 운전석 옆 늘 컵이나 물병이 있었던 자리를 차지하고 있다. 아직도 나는 그것을 버리지 못했다.

테이프가 차에 실리게 된 사연이다. 며칠 전 퇴근길에 주차장을 빠져나오는데 뒤 타이어 쪽에서 무언가 다급하게 두드리는 소리가 났다. 차를 세우고 살펴보았지만 아무 이상을 발견할 수 없었다. 큰길로 들어서면서 속력이 높아지자 마치 망치로 두드리는 것 같은 굉음이 들려오는데도 계기판에 이상 신호가 없어 펑크라고 생각했다. 때로는 경험이 생각의 폭을 좁히기도 하는지, 언젠가 펑크로 덜거덕거리는 소리를 들었던 적이 있었기 때문이었다. 차가 흔들리는 것도 아니어서 차량의 흐름에 따라가면서 망설이는 사이에 차는 벌써 도시고속도로에 들어섰고 이내 터널이 보였다. 더럭 겁이 났다. 몇 해 전 도시고속도로에서 타이어 펑크로 생명에 위협까지 느껴야 했던 일이 문득 떠올랐던 것이다. 그 당시, 운행 중인 차가 기우뚱거려서 육차선 도로를 가로질러 갓길에 세우기까지 아찔했던 기억은 아직도 뒷덜미를 서늘하게 만들곤 한다. 피할 장소가 없는 터널에서 차가 멈추었을 때를 생각하니 더 두려워졌다. 어렵사리 갓길에 주차는 했으나 내릴 수가 없었다. 다급하게 긴급출동서비스를 요청하면서 타이어 펑크라고 알렸다. 다행히 오래 기다리지 않아 서비스 차량이 왔는데 타이어에는 아무 이상이 없으니 정비소로 끌고 가겠다는 것이었다. 서비스를 나온 사람의 도움으로 가까스로 차에서 내려 아무래도 미심쩍은 뒤 타이어를 유심히 살피니 뭔가 눈을 끄는 게 있었다. 엎드려 자세히 보니 셀로판테이프가 타이어에 붙어 있는 게 아닌가. 투명한 것이라 쉽사리 눈에 띄지 않았던 모양이다. 온전히 밀착되지 못한 끄트머리 부분이 속력에 따라 차체를 때렸고 차체는 울림통이 되어 울리니 차 안에서는 마치 소리의 폭격 속에 있는 듯했었다.

비상출동 요청까지 하게 만든 것이 겨우 테이프 한 조각이었다니 어처구니가 없었지만 다행히 급하게 출동 서비스를 해준 사람이 너털웃음으로 그 상황을 어색하지 않게 마무리해 주었다. 타이어에서 떼어 낸 테이프를 마땅히 버릴 데가 없어 차에 가져온 것이다.

셀로판테이프를 사용하는 이유는 물론 접착력에도 있겠지만 무엇보다 접착하는 부분의 색이나 모양을 가리지 않고 또한 테이프 그 자체는 드러나지 않는다는 것이 아닌가. 그 장점이 제 쓰임새를 벗어나니 이렇게 소동의 원인이 되기도 했다. 그런데 곰곰이 생각하니 뒤 타이어 방향에서 소리가 난다는 이유로 무조건 펑크라고 단정하고 긴급출동까지 하게 만든 내가 문제였다. 한번 어떤 생각에 사로잡히면 좀체 벗어나지 못하는 나의 우둔함과 경솔함이 그 속에 함께 뭉쳐져 있는 테이프, 그것에는 내 의식 저변을 건드리는 무언가가 담겨 있는 느낌이었다고 해야 할지.

무심히 들었던 친구의 말이 다시 떠오른 건 아마 테이프 때문이었을 것이다. 그 친구는 20년 전 내가, 딛고 있던 땅이 내려앉아 버린 것 같은 충격 속에 있었을 때 나를 일으켜 지금 하고 있는 일자리를 주선해 주었다. 그 후 외국으로 떠났다가 모처럼 고국을 방문해 오늘은 반나절 가량을 매장에 함께 있었다.

생의 중반에 느닷없이 주어졌던 자리. 처음에는 마을 입구에 세워진 장승 같았는데 일에만 몰두하다 보니 이제는 제법 유능하다는 말을 듣는다. 조금 여유가 생긴 덕일까, 요즈음 때때로 내가 서 있는 자리, 옷 장사로 살아온 날들을 돌아보게 된다. 자의식이 슬그머니 고개를 드는 것이다. 아직도 갈팡질팡하고 있는 노후 대책이 발목을 잡고 있으나 핑곗거리만 있으면 마음이 먼저 일터를 벗어난다. 성실하다거나 책임감이 강하다는 덕목도 나에게는 절박함이라는 유효기간 같은 게 필요했던 것일까. 친구가 쉬라고 했다. 그는 나의 무엇을 보았을까. 정이 많은 사람이라 어쩌면 내 마음 자락이 흔들리는 소리를 감지했는지도 모르겠다.

자주 바라보게 된 셀로판테이프로 인해 깨닫게 된 것이 있다. 자신을 드러내지 않는 겸손함이 누구에게나 다가갈 수 있는 친화력을 갖게 해 준다는 것이다. 매끄럽지 못한 사람과의 일로 늘 부러웠던 친화력. 자신이 하는 일조차 겸손하게 수용하지 못하는 내 마음자리를 20년이나 지난 이제야 보게 되었다. 셀로판테이프는 나를 부끄럽게 한다. (2013.)

웃는 돌

돌이 웃었다. 그 녀석이 한쪽 입술을 말아 올리며 씩 웃었다. 글쎄, 단 한 번 눈길이 마주쳤을 뿐인데 귀 기울였으면 아마 녀석의 웃음소리까지 들리지 않았을까.

퇴근길이었다. 비 오는 날은 늘 그러하듯 몸과 마음이 서로 뜻이 같지 않다. 그다지 바쁜 하루가 아니었는데도 몸은 편히 쉴 수 있는 집으로 빨리 가자고 보챈다. 그러나 마음은 빗소리에 맞춰 춤추듯 흔들리는 한강변의 불기둥을 보러 가자거나 재즈와 빗소리는 환상적인 궁합이라며 속살거린다. 이미 오래 전에 고장이 나버린 왼쪽 무릎이 그럴 줄 알았다며 버럭 화를 내자 어쩔 수 없이 타협점을 찾는다. 갑갑한 전용 차로 대신 조금쯤은 해찰을 해도 좋은 길을 택해 집으로 향했다.

강남의 대로변에는 유난히도 성형외과와 피부과 병원이 많다. 친구들은 귀를 뚫어 근사한 귀걸이로 이제는 젊음의 윤기가 빠져나간 얼굴에 에센스를 살짝 바른 듯 센스를 보여 주기도 하는데 나는 겁이 많아 생채기 하나 내지 못하는 주제다. 그래도 마음은 어디 그런가, 대로변에서 성형외과를 만나자 마음은 냉큼 병원 문을 밀고 들어선다. 우선 오래 전부터 늘어지기 시작한 눈 주위부터 살핀다. 처진 눈꺼풀도 상큼하게 올리고 눈 아래 불룩한 지방주머니도 조금 비워 준다. 그뿐인가, 입 주위며 턱선에 붙어 있는 심술 보따리도 탱탱하게 정리한다. 성형외과를 나오니 십 년은 젊어졌다.

이제 피부과 차례다. 누런 피부에 잡티며 검버섯이 버젓이 자리를 잡기 시작한 지도 한참이나 되었다. 손등 역시 화상 자국에 검버섯이 제법 사이좋게 지내고 있다. 레이저 광선을 이용해 박피는 말할 것도 없거니와 미백까지 확실하게 보장한다는 광고를 떠올리니 회심의 미소가 절로 난다. 자르르 거울같이 매끄럽고 백옥 같은 피부로 병원을 나서니 다시 나이에서 몇 년은 빼도 될 성싶다. 기분은 하늘을 난다. 역시 나이는 숫자일 뿐이라며 쾌재를 부르는데 이번에도 왼쪽 무릎이 제동을 건다.

너덜거리는 무릎 연골 치료가 급한 처지에 제 분수도 모르고 설치는 마음에 거울이라도 들이밀어 보여 주는 게 어떻겠느냐는 것이다. 혹 망령이 들기 시작했는지 잘 살피는 게 좋을 것 같단다. 부끄러웠다. 얼른 시선을 병원에서 딴 곳으로 옮기는데 눈에 들어온 것이 타원형의 돌이었다. 그 녀석이 나를 지켜본 듯 실소를 한 것이다.

함께 나눈 추억거리가 많아서인지 이따금 가슴 한 갈피를 아프게 하며 떠오르는 친구가 있다. 웃어넘겨도 좋았을 일을 두고 자존심을 들먹이며 소견 좁은 내가 그에게 상처를 주어 오래 전에 멀어진 친구다. 운동을 하며 전국을 여행하자고 약속했는데 이제는 그의 전화 번호조차 가물거린다. 그날은 흰 페인트가 묻은 책을 들고 나를 찾아왔었다. 채 흥분이 가시지 않은 상기된 얼굴이었다. 안성에서 무용가 홍신자 씨를 인터뷰하고 왔다고 했다. 출판기념회 겸 공연이 있었는데 새로 출간된 책을 펼쳐 놓고 하얀 페인트를 뿌리는 퍼포먼스에 무척 감동을 받은 듯, 그곳의 열기를 함께 나누고 싶었다고 했다. 그 장소가 '웃는 돌'이라는, 내겐 생소한 이름이었다. "정말 돌이 웃어?" 아둔한 나의 질문이었다.

그런데 돌이 웃었던 것이다. 나를 향해 웃던 돌을 다시 한 번 보기 위해 일부러 출근이나 퇴근 때에 그 길로 운전을 하고 다녔지만 도무지 정확한 위치를 알 수가 없었다. 며칠 전이었다. 우연인지 그날도 비가 왔다. 유난히 정체가 심해 한 자리에 오래 머무르곤 했다. 대로변에 마치 주택가의 담장처럼 높은 울타리를 치고 그 옆으로 키 큰 나무들이 빽빽하게 심어져 있는 게 눈에 띄었다. 늘 무심히 지나쳤는데 울타리와 나무들 뒤로 한 발 물러서서 마치 낮이라도 붉히며 숨어 있듯 연한 핑크색의 빌딩이 서 있었다. 모텔이었다. 그런데 내가 찾던 바로 그 돌이 출입구 앞에 놓여 있었다. 높은 받침대 위에 누워 있는 그 형상은 전날 본 것과는 전혀 달랐다. 이번에는 바로 쳐다보기가 민망해 저절로 고개를 돌리게 되었다. 내 생각으로는 모텔과 잘 어울리는 형태의 돌이었다. 모텔이라는 선입견이 돌에 대해 완전히 다른 시각을 갖게 만든 모양이다.

나는 무엇을 본 것인가. 직접 보았다는 것은 진실을 말하기 위해 내가 자주 사용하는 말이다. 그런데 내 두 눈으로 본 하나의 물체에 대해 이렇게 다른 해석을 하고 있는 것을 무엇이라 설명할 것인가. 뇌가 행동을 결정한다고 읽은 적이 있다. 행동 이전에 인지되는 감각 역시 뇌의 영향을 벗어날 수 없는 것일까. 감각을 통해 들어오는 사물을 있는 그대로 받아들이고 이해하는 것이 이렇게 힘든 것인 줄 미처 몰랐다. 이제는 보았다거나 들었다는 것만으로 알았다거나 이해했다고 자신 있게 말할 수 없을 것 같다.

산은 산이요, 물은 물이라는 성철 스님의 말씀은 내가 결코 이해할 수 없는 높고도 큰 뜻을 지니고 있을지 모른다. 그러면서도 사물을 있는 그대로 보는 것을 말씀한 것은 아닐까 하는 생각을 해 보았다.

명상이란 어느 의미에서 자신의 내면을 들여다보고 그것을 맑고 선명하게 만들기 위한 수행의 한 방법이 아니겠는가. 친구가 다녀왔다던 안성에 있는 명상수행원의 이름이 '웃는 돌'이라는 것이 내게 어떤 계시처럼 다가왔다. 웃는 돌을 하나쯤 마음에 담고 살 수 있다면 그 돌의 시선을 의식하며 가끔 나의 내면을 들여다보게 되지 않을까 싶다.

(2008.)

기도

유유히 흐르는 강물 위로 그림처럼 펼쳐진 다리를 거니는 것은 꽃비 내리는 오솔길을 걷는 것만큼이나 낭만적인 일이다. 벌써 30여 년이 다 된 옛일이지만 학교 기숙사가 있던 신촌에서 지금은 양화대교로 불리는 제2한강교까지 비 오는 날이면 곧잘 걷곤 했다. 다리 난간에 기대어 서서 고향 집에 있는 혈육에 대한 그리움을 달래기도 하고, 때때로 사람과의 일로 헝클어진 마음을 빗물에, 강물에 흘려보내기도 했다. 그즈음 내 미래의 설계 도면에는 언제나 강과 더불어 지붕 밑 다락방이 있는 그 강변의 빨간 지붕이 오를 정도였다.

그런데 몇 해 전 가을이 시작될 무렵 꿈도 채 영글지 않은 여학생들이 등굣길에 칼로 잘라 낸 듯 내려앉아 버린 성수대교와 함께 수장된 사건이 있었다. 근처에 살아 자주 그 다리를 건너다니던 나에게는 여간 큰 충격이 아니었다. 한때는 바라보는 것만으로도 가슴 설레는 낭만의 상징이었던 한강을 가로지르는 다리가 생명을 위협하는 두려움의 대상이 되고 말았다. 다리의 중간쯤이면 큰 파도를 타는 듯 출렁이던 느낌이 되살아나 지금도 가끔 온몸에 소름이 돋곤 한다.

성수대교 붕괴 후 근처의 동호대교나 영동대교는 차량의 정체가 심해져서 움직임을 잊은 듯, 다리는 강을 건너는 길이 아니라 마치 강 위에 떠 있는 '섬'처럼 보였다. 거래하는 회사가 강 건너에 있어서 일주일이면 두세 번은 어쩔 수 없이 강을 건너야만 했는데, 그 '섬'에서 동강난 성수대교를 바라보노라면 튼실하다고 믿었던 남편의 회사가 순식간에 무너졌던 일이며, 영원히 닿아 있을 줄 알았던 마음의 끈이 어느새 끊어져 멀어진 사람들이 떠올라, 내가 딛고 서 있는 현실이란 누르기만 하면 그대로 물속에 가라앉고 마는 '섬' 같은 것일지도 모르겠다는 생각에 우울해지고는 했다. 산다는 것은 허공에 교각을 세우고 그 사이를 잇는 다리를 걷는 것에 다름 아닐지도 모르겠다.

성수대교가 복원되기를 오랫동안 기다렸지만 막상 재개통 소식을 접하고는 선뜻 그 다리를 이용할 수가 없었다. 다시 일으키고 세운다는 것에 대해 의혹과 불신의 눈길을 보낼 수밖에 없는 내 성격 탓도 있었지만, 아직도 차가운 강바닥에 어린 영혼들이 헤매고 있을지도 모른다는 조금은 어처구니없는 생각 때문이었다.

무슨 대단한 일에 도전이라도 하듯 용기를 내어 성수대교를 건너던 지난겨울 어느 날, 다리를 건너자마자 나는 텔레비전 화면을 통해 생생히 보도된 행당동 재개발 현장과 마주쳐야 했다. 황량한 빈 땅에 현장 사무소로 사용되는지 낡은 집 한 채가 덩그러니 남아 있어 그곳이 밥을 짓고 빨래를 널었던 삶의 터전이었다는 것을 증언하고 있었다. 분주히 오가는 덤프트럭과 부지런히 움직이는 크레인의 소음 사이로 처절하게 아이를 부르는 어머니의 목소리가, 땅이 꺼질 듯 내뱉는 가장의 한숨 소리가 들리는 듯하여 나도 모르게 귀를 세우며 잡고 있는 운전대에 힘을 주었다.

'빼앗긴 들에도 봄은 온다'고 했던가. 며칠 전 애써 재개발 현장을 외면하며 지나치려는데 무언가가 내 눈을 끌었다. 갑자기 가슴이 두근거리기 시작했다. 딱히 그 이유를 설명할 수는 없지만 어쩐지 파괴의 주범 같아 보였던 덤프트럭과 크레인, 그것들을 위해 남아 있던 낡은 집마저 마치 범죄 장소를 보듯 해 왔는데, 바로 그 집에 하얀 목련이 우아한 자태로 서 있는 것이 아닌가. 그곳에서도 나무에 꽃이 피다니. 목련은 경이로움 그 자체였다. 눈앞이 불이라도 켜진 듯 밝아지고 누군가가 낮은 목소리로 속삭이는 듯한 환상에 빠져들었다.

황량한 공사 현장의 스산한 바람 사이에서 꽃망울을 터뜨린 목련을 바라보며 상념에 빠진다. 어렵사리 장만한 내 집에 행복의 문패를 달았을 늠름한 가장의 모습, 봄이면 꽃모종을 심던 이들의 따뜻한 손길과 차마 떠나지 못해 몇 번이고 돌아보곤 했을 사람들의 눈길을 목련은 아직도 기억하고 있었던 것은 아닐까. 식물도 음악을 감지할 수 있다지 않은가. 그렇다면 그를 심고 가꾼 이들의 아픔과 소망쯤은 헤아릴 수 있지 않겠느냐고 한다면 비약이 심하다고 할는지. 그들에 대한 추억이, 뿔뿔이 흩어지며 그래도 훗날을 기약했을 그들의 기원이 모여 꽃으로, 이렇게 손바닥을 마주 모으고 기도하는 형상의 꽃이 되어 피어났다고 믿고 싶은 것은 내가 딛고 선 현실이, 산다는 것이 너무나 불안하고 허망하여 무엇인가에 기대고 싶은 내 마음 때문인지도 모르겠다.

재개발 현장을 바라보면 어두워지던 내 마음에 목련은 등불 하나를 밝혀 놓았다. 마음이 밝아지니 덤프트럭과 크레인이 더 이상 파괴가 아닌 건설의 역군으로, 언덕을 파헤치는 것이 아니라 낮은 땅을 돋우고 메우는 것으로 보인다.

저 땅에 든든한 삶의 자리들이 세워져 다시는 생활의 터전이 불도저에 밀리는 일이 없기를 목련처럼 두 손을 모으고 빌어 본다. 삶의 터전과 함께 마음이 허물어졌을 이들이 희망을 잃지 않도록, 영문도 모른 채 꿈과 젊음을 강물에 흘려보내야 했던 어린 영혼들의 안식과 '섬' 같은 내 현실이 더는 흔들리거나 무너지지 않기를 하얀 목련 한 송이를 빌어 기도한다. (1998.)

어머니와 여성성

어머니가 전화를 하셨다. 여느 때처럼 조심스럽게 통화가 괜찮으냐고 묻는 대신 지금 어디냐고 물으셨다. 아버지의 기일이라 기다리고 있다는 말씀에 가슴이 덜컥 내려앉았다. 우물쭈물하는 사이 동생들과 제사를 모시겠다며 전화를 끊으셨다. 자식들이 편하게 기억하도록 양력에 맞추어 제사를 지내기로 했는데 그날을 잊었다는 것이 아닌가. 그런데 가만 생각해 보니 뭔가 이상했다. 내 기억으로는 아버지의 기일은 아직 한참 남았다. 다시 어머니께 전화를 하려는데 벨이 울렸다. 어머니였다. 날짜가 잘못되었는데 이미 제상을 차려 놓으셨다는 것이다. 어머니의 기억이라면 무조건 믿는 동생들 역시 미심쩍어하며 모였던지 다시 날짜를 확인해 본 모양이었다.

어머니의 손길이 닿으면 허섭스레기도 제 자리를 찾을 만큼 어머니는 정리정돈을 잘하신다. 나는 어머니의 기억 저장소 역시 가지런히 정리된 서랍장 같을 것이라 생각한다. 이따금 형제끼리 옛일을 가지고 서로 우기기라도 하면 어머니는 그 전후의 일까지 소상히 짚어내시며 우리의 기억이 얼마나 오류투성이인지를 깨닫게 하곤 했다. 그런 어머니가 아버지의 기일을 양력과 음력에서 하나씩 꺼내어 자식들에게 일러 주셨던 것이다.

팔순의 어머니. 어쩌면 기일은 단순한 혼돈일 수도 있다. 그러나 매사에 정확하고 준비성이 철저한 어머니가 아버지의 기일을 착각하신 것을 단순한 혼돈으로 지나쳐 버릴 수는 없었다. 무엇보다 어머니가 느끼실 자책감을 생각하면 불안해졌다. 늘 당신에 대해서는 조금도 신경 쓸 필요가 없다고 하시던 어머니였다. 그래서 우리 형제 누구도 그다지 어머니에 대해 크게 걱정을 하지 않았다.

이십여 년 전 어머니가 지금의 내 나이쯤일 때 어머니를 모시고 해외로 여행을 했다. 처음으로 효도 여행이라는 기특한 생각을 했던 것인데, 나에게는 어머니를 다시 인식하는 계기가 되었다. 외국을 몇 번 다녀온 경험이 있기는 했지만 무거운 가방을 끌고 비행장에서 기차나 버스를 번갈아 타면서 여러 나라를 다니는 것이 젊은 나에게도 무척 힘들었다. 그러나 어머니는 조금도 지친

내색을 하시지 않았다. 어느 도시였는지 모르겠다. 도착 시간이 늦어 숙소로 찾아 들었을 때는 이미 저녁 식사 시간이 지나 있었다. 간식으로 간단히 저녁을 해결하려고 지하에 있는 바로 내려갔더니 귀에 익은 음악이 흘러나왔다. 나이가 지긋한 노인들로 구성된 밴드였는데, 트럼펫으로 연주되는 〈데니 보이〉가 애잔하게 울려 퍼지고 있었다.

어머니는 시장기도 잊으시고 음악에 흠뻑 젖어 드셨다. 먼 옛날로 돌아가신 듯 감상에 빠져든 어머니는 더 이상 아이들의 할머니가 아닌 해맑은 소녀 같았다. 애틋한 눈빛으로 오래전 어느 날을 응시하고 있는 것 같은 모습은 당신의 삶 자체가 남편과 자식들로 가득 차 있는, 내게 익숙한 어머니와는 전혀 다른 모습이었다. 소녀 같은 감성을 내보이는 어머니가 내겐 낯설었다. 돌이켜 보면 어처구니없지만 그때는 육십 대의 여자에게 여성성이 존재한다는 것이 신기하게 여겨질 정도로 나는 어머니를 모르고 있었다.

기일 소동 이후 처음으로 어머니의 나이를 의식하면서 마음이 조급해졌다. 혹시라도 인지능력에 이상이 생긴 것은 아닌지 불안해졌다. 지난해 노화에 대해 몇 달 동안 강의를 들었다. 그때 여러 가지 새로운 사실을 알게 되었는데 그중 하나가 인지장애였다. 특히 매년 10~15% 정도가 치매로 발전한다는 경도인지장애는 일상생활의 자극에 대해 유난히 무관심하거나 과도하게 반응을 보이는 증세가 있다고 했다.

언제부턴가 어머니에게서 더 이상 표정을 읽을 수가 없었다. 당신의 긍지였던 큰아들을 가슴에 묻은 후론 매사에 무관심했다, 그것이 경도인지장애의 증상일 수도 있었는데 우리는 노화의 과정이려니 하고 무심히 지나쳐 버렸다.

기일에 대한 어머니의 충격을 생각하면 성급하게 병원으로 모셔 갈 수도 없었다. 그래서 생각해 낸 것이 여행이었다. 20여 년 전 여행지에서 소녀처럼 감성이 피어나던 어머니가 아니었던가. 행여 낯선 장소가 어머니에게 생에 대한 의욕의 불씨를 다시 지피는 자극제가 될 수도 있지 않을까 싶었다. 그러나 사흘간의 여행은 어머니에게 아무것도 되찾아 드릴 수 없다는 뼈아픈 자성만을 가져왔다. 이제야 확연히 드러나는 어머니의 변화, 눈에 띄게 굼뜬 어머니, 그 어느 것에도 관심을 보이지 않는 어머니. 자존심이 강한 분이라 누구에게도 의지하려 하지 않던 분이 이제는 낯선 사람에게서 받는 노인 대접을 당연시하셨다. 큰 상처와 흐르는 세월의 파괴력을 인정하지 않을 수 없었다.

누구도 피해 갈 수 없는 노화. 60이 넘어서야 내 나이였던 어머니를 온전히 이해할 수 있듯이 미욱한 내가 쓸쓸한 노령의 세월을 겪어 낸 후에야 어머니의 감성을 되찾아 드릴 무언가를 깨닫게 될지도 모르겠다. (2010.)

손짓

후텁지근한 바람이 불더니 마침내 빗방울이 후드득 떨어진다. 급하게 해야 할 일도 없고 해서 창가를 서성거리는데, 길 건너편 건물 옥상에서 흰 천이 펄렁거리는 것이 눈에 띄었다. 무슨 현수막인가 했는데 자세히 보니 홑이불이거나 커튼같이 보이는 빨래를 널어놓은 것이다. 참으로 의외다 싶었다.

대로변에 있는 이 아파트로 우리가 이사를 왔을 때만 해도 길 건너에는 그다지 높지 않은 건물들 뒤로 아담한 주택들이 더러 있었다. 아파트에서 내려다본 탓인지 그 집들은 언젠가 추운 겨울날 들여다본 온실처럼 안온해 보였다. 그러나 근래 몇 년 사이에 이 집들은 모두 사오 층의 빌딩으로 바뀌었다. 그리고 어린아이와 강아지가 함께 뛰어놀던 자리에는 유흥업소의 화려한 네온사인이 불을 밝히고 있다. 주택들이 없어진 후에도 창가에 서면 늘 바라보곤 하는 곳이지만, 아직도 거기에 살림집이 남아 있는 줄은 몰랐다.

흰 천은 춤추는 여인의 옷자락처럼 비바람에 너울거린다. 비에 젖는 빨래를 보고 있으려니 한 여인의 얼굴이 떠올랐다. 자그마한 키에 몸가짐이 단정했던 여인, 도모꼬. 유난히 장난이 심했던 두 아들과 어울려 놀 때는 개구쟁이 소년처럼 짓궂기도 했던 그의 모습이 생각났다.

이십여 년 전 호주에서 살던 때였다. 어렵사리 집을 장만하고 이사를 가니 옆집에 동양 여자가 백인과 살고 있었다. 그리고 이삿짐 사이로 기웃거리던 두 아이는 볼이라도 꼬집어 주고 싶을 만큼 귀여웠는데 나이는 우리 아이와 같은 또래로 보였다.

동양인이 그리 많지 않은 곳이라 도모꼬를 처음 보았을 때 내심 반가웠다. 그러나 그는 두 아이와 집 안의 일에 묻혀 이웃에는 별다른 관심을 보이지 않았다. 그곳에서는 대개 남편의 몫인 잔디 깎는 일에서부터 집 안팎을 페인트칠하는 것까지도 혼자서 해낼 만큼 그는 부지런한 사람이었다.

나 역시 직장 생활을 하느라 한가한 편은 아니었지만 무엇보다 그가 일본 사람이라는 것을 알고 나서는 어렸을 때부터 가져온 일본인에 대한 좋지 않은 감정 때문에 그에게 먼저 다가갈 마음이

나지 않았다.

낮은 울타리를 사이에 두고 살면서도 우리는 한동안 눈인사나 나누는 정도였다. 그러나 우리 아이와 그의 큰아들이 같은 나이여서 아이들이 학교에 다니게 된 후로는 자연스레 얼굴을 대할 기회가 많아졌다. 한번은 학교에서 바이올린 강좌가 있었는데, 평소 음악에 대한 아이의 소질에 기대를 하고 있던 나는 그 강좌에 열성적으로 아들을 참석시켰다. 도모꼬 역시 대단한 열의를 보였다.

도모꼬와 나는 집에서도 아이들을 다그쳐 연습시킨 결과 오페라 하우스에 양쪽 집 아이를 학교 대표로 서게 만들기도 했다. 그 일로 해서 우리는 자주 만나게 되었다. 그러나 피부색이나 아이의 교육 방법에서 서로 비슷하다는 동류의식 같은 것은 조금씩 느끼고는 있었지만 둘 다 상대방에게 특별한 관심을 보이지는 않았다.

그 무렵 나는 오랜 외국 생활에 염증을 느끼고 있었다. 처음에는 오히려 수월하게 생각되던 영어가 해가 갈수록 더욱 큰 장벽이 되어 나를 좌절시키는가 하면, 남들보다 뛰어나야만 겨우 인정을 받는 직장 생활에 항상 긴장해야 했고 그것이 나를 지치게 했다. 생활에 어느 정도 여유가 생기자 그때까지 나를 지탱해 주던 의지력이 흔들리기 시작했다.

그러던 어느 날이었다. 그날 퇴근길은 비까지 내려 마음이 더욱 심란했다. 무엇보다 부모님이 그리웠고 따뜻한 혈육의 정에 기대고 싶은 생각이 간절했다. 정원에는 갖가지 꽃들이 흐드러지게 피어 있었지만 화사한 꽃의 아름다움보다 꽃봉오리를 힘겹게 지탱하고 있는 줄기만이 눈에 들어왔다. 나는 고향 생각에 잠겨 아들아이가 몇 번이나 나를 부른 후에야 비로소 도모꼬가 우리 집 현관에 와 서 있는 것을 알아차릴 수가 있었다.

예기치 않은 방문에 의아해하는 나에게 그는 커다란 비닐봉지 두 개를 내밀더니 손을 흔들고 가 버리는 것이 아닌가. 그 속에는 마당에 널려 있던 우리 식구들의 옷가지들이 얌전하게 개켜져 있었다. 매끈하게 다림질까지 된 남편의 셔츠를 들고는 콧잔등이 찡하여 고개를 숙여야만 했다. 매일매일의 긴장된 생활 속에서 돌덩이처럼 굳어 있던 마음이 부드러운 손길로 어루만져진 느낌이었다. 이 일을 계기로 도모꼬와 나는 가까워지게 되었다.

후에 알게 된 일이었지만 이름 있는 사무라이 집안에서 태어난 도모꼬는 직장 동료였던 영국인과 사랑에 빠져 결혼하게 되었는데, 그로 인해 받게 된 주위의 차가운 눈초리와 호기심 때문에 다른 사람들과는 벽을 쌓고 살아왔다고 했다. 그러나 나를 보면서 스스로를 돌아보는 시간을 갖게 되었다는 것이다. 언뜻 보기에는 자신감에 차 보이지만 자존심을 다치지 않으려고 누구와도 거리를 좁히려 들지 않는 나를 제대로 꿰뚫어 본 모양이었다. 둘 사이의 벽이 허물어지자 그는 마치 친언니처럼 자상했다. 그 무렵 외국 생활에 마음이 흔들리기 시작한 나를 지켜보며 내가 주저앉지 않도록 따뜻한 격려를 아끼지 않았고 때로는 나약한 나를 신랄하게 질책하기도 했다.

그날 마당에서 비를 맞고 있던 빨래는 어쩌면 나 자신의 모습과 같았는지도 모른다. 외로운 이국 생활에 지쳐 방황하던 나는 누군가를 향해 도와 달라며 끊임없이 손을 흔들고 있었던 것은 아닐까. 도모꼬는 옷가지와 함께 그런 나를 다독거렸고 나는 그의 포근한 가슴에 피로에 지친 마음을 기댈 수 있었던 것은 아니었는지.

길 건너 옥상에 널린 빨래는 한층 거세어진 비바람에 부대끼고 있다. 그것을 바라보니 거기에 이십여 년 전의 나와 같이 누군가의 손길이 필요한 사람이 있을 것만 같다. 나지막한 집을 헐고 높은 빌딩을 세우면서 그 빌딩만큼 부풀어 갈 행복을 꿈꾸었을 사람. 어쩌면 바로 그 사람이 저 건물의 어느 구석에 웅크리고 있는 것은 아닌지. 그는 자신이 진정으로 얻고자 했던 것이 무엇이었는지에 대해 의아해하고 있지나 않은지.

비는 쉼 없이 내리고, 길 건너의 흰 천은 나에게 구원을 요청하는 손짓이라도 하듯 펄렁거리고 있다.

(1998.)

마음 나들이

친구의 권유로 가입한 여행자 모임의 창립 기념식이 있는 날이었다. 여름과 가을이 오누이처럼 손잡고 있는 구월 초. 비가 온다는 예보가 있었으나 더 없이 화창한 날이었다.

가까운 친구의 부탁이라 거절하기도 힘들었지만 여행이라는 말에 솔깃해져 가입했다. 그러나 막상 창립행사에 참석을 하려니 쭈뼛거려지고 움츠려드는 마음을 펴기가 쉽지 않았다. 여행이라면 활기찬 젊은 사람들이 위주가 아닐까 싶어 조금 주눅이 들기도 했고 명칭 또한 '세계'라는 다소 거창해 보이는 말로 시작되는 것도 거북스러웠다.

모임 장소는 산지를 개간해 만들었을 것으로 추측되는 수천 평에 이르는 개인 저택이었다. 대문 옆 저택 입구 한쪽에는 분수가 품어내는 물줄기 사이로 연꽃 몇 송이가 물소리와 함께 흔들리고 있는 것이 보였다. 꽃이 한창이었을 때는 제법 운치가 있었을 규모의 연못이었다. 제철이 지난 탓인지 우아해보여야 할 연꽃이 오히려 처연해 보였다. 자리가 어색한 내 마음 탓이었을 것이다. 정원 바닥에 깔아놓은 디딤돌을 따라 위쪽으로 올라가 보니 조형물들이 전시되어 있는 공간이 지형을 살려 여러 곳에 조성되어 있었다. 조각에 문외한인 나로서는 주인의 수집품이 어느 정도의 수준인지 가늠할 길은 없었지만 낯설어하는 방문객이 마음을 추스를 여유를 주는 공간 같아서 그의 마음 씀씀이가 훈훈하게 여겨졌다. 그러나 느닷없이 평온한 산허리를 흔들어 깨웠을 막강한 힘이 떠오르면서 갑자기 등 언저리가 서늘해지는 것은 무슨 조화인지.

삼삼오오 도착하는 참가자들은 내 예상과는 달리 연령대는 높은 편이었다. 아니 상당히 연륜이 있음직한 모습들이 대부분이었다. 서로 반기는 것을 보고 있으려니 내가 자리를 잘못 알고 온게 아닌가 싶었다. 대부분 시인이나 수필가들이라 했다.

어느 모임에서나 있음직한 1부 공식행사를 끝내고 간단한 먹을거리와 함께 인사를 나누는 시간이 있은 후에 2부 행사가 시작되었다. 그 분야에 관심을 가진 사람들에게는 널리 알려졌다는 유명한 화가의 퍼포먼스가 첫 순서였다. 체형이 그대로 드러나는 하얀 티셔츠에 통 넓은 검은 바지를 입은 자그마한 체구의 중년 남자였다. 그는 자신에 대한 이야기로 시작했다. 전에는 그림을 잘 그리려고 애를 썼으나 이제는 좋은 사람이 되려고 노력하고 있단다. 자신의 내면이 드러나기는 미술이나 글이나 매 한가지인 모양이다. 새겨들어야 할 말이었다. 그는 화선지를 앞에 놓고 심호흡을 하더니 "얍!" 하는 기합 소리로 모든 사람의 시선을 집중시켰다. 붓에 온 힘을 다하는가 싶더니 순간 힘을 빼고 천천히 선과 점을 이어갔다. 온 몸에 소름이 돋을 만큼 열정이 느껴졌다. 갑자기 그가 크게 보였다. 화가의 동작 하나라도 놓칠세라 숨을 죽여 가며 열중하고 있는 사람들 사이에서 나는 마른 침만 삼켰다. 갈퀴를 휘날리며 뛰어가는 한 마리의 말! 그대로 튀어나와 달릴 수 있을 것 같기도 했고 하늘로 날아오를 수도 있을 것 같았다. 공연히 가슴이 뛰었다. 말을 타고 어디론가 가고 싶었던 것일까. 사회자의 요청에 따라 화가 곁으로 바싹 다가가 그 과정을 지켜보고 있었던 나는 슬며시 뒤로 물러나 내 자리가 있던 한쪽 귀퉁이로 돌아왔다. 그래야만 진정이 될 것 같았다.

다음은 행위예술가의 차례였다. 그는 모두가 참여하는 퍼포먼스를 준비했다 면서 멀찍이 떨어진 나무 두 그루에 줄을 연결해 걸기 시작했다. 그 줄에 넓은 비닐을 걸쳐 놓더니. 몇 사람을 앞으로 나오게 해 그들에게 비닐 뒤로 가서 얼굴을 내밀도록 했다.

그는 돌출된 부분의 비닐을 가위로 도려내어 테이프로 고정시켰다. 얼굴 만 나온 사람, 머리와 얼굴이 함께 나온 사람, 비닐을 머리에 쓴 사람, 얼굴과 팔을 함께 내민 사람. 각 각 다른 표정과 포즈들이 전시되었다. 멀찍이 앉아있던 나같이 무딘 사람에게서도 아! 하는 탄성이 절로 나왔다. 삶의 흔적이 고스란히 담긴 얼굴, 그것이 처한 다양한 상황을 적나라하게 보여주는 것이 예술가의 역할이었다면 해석하고 받아들이는 것은 관객의 몫이리라.

그는 마이크를 들고 돌아다니며 관객의 참여를 유도했다. 여기에 무엇을 내밀고 또 걸어놓고 싶으냐고, 이 가을의 아름다운 햇살아래 무엇을 펼치고 싶으냐는 질문을 던졌다. 눈앞에 보이지는 않지만 그의 질문에 따라 함께한 모든 사람들은 자신의 무언가를 햇살 아래 하나 둘씩 걸고 있었을 것이다. 여행지에서 보았던 멋진 풍광, 가슴 속에서 소용돌이 치고 있는 바람, 꿈결처럼 아름다웠던 첫 사랑, 마음의 고향인 어머니. 허공이라는 화폭에 다양한 생각들이 걸리면서 또 하나의 설치 미술품이 만들어지는 현장이었다. 나 역시 그 순간의 내 마음을 슬쩍 들이밀었다. 그리고 얼굴을 붉혀야 했다. 공연히 자존심을 내세워 구겨지고, 터무니없는 욕심 때문에 옹색해지고, 잘난 체 과대포장 하느라 귀퉁이가 찢긴 그 모양새가 나를 부끄럽게 했다.

퍼포먼스가 끝나자 대금 연주 차례였다. 그러나 막바지에 달한

행사장의 어수선한 분위기는 그윽하고 나직막한 음악의 여운을 허락하지 않았다. 아쉬움이 남았다. 행사는 사물놀이의 흥겨움으로 유종의 미를 거두면서 끝났다.

구월의 어느 하루. 긴장하고 흥분하고 또한 감탄하면서 가을바람이 몇 차례 다녀갔는지 눅눅했던 내 마음은 보송보송 잘 말라 훨씬 가벼워졌다.

여행자모임의 첫날, 나는 이미 멋진 마음 나들이를 했다.

(2015.)

롤링 부시(Rolling bush)

얼마 전 작은아들 네와 함께 호주를 다녀왔다. 그 아이는 제 부모가 젊은 한 시절을 보내고 또 형이 태어난 나라에 대해 늘 궁금해 했었다.

여행준비를 하면서 아들은 나와는 달리 체계적이고 경제관념이 투철하다는 것을 새삼 느꼈다. 사십여 년 전 나는 며칠 여행을 가는 것이 아니라 몇 년을 살기위해 떠나면서도 내가 한 일이라고는 만난 지 겨우 두어 달 남짓 되는 남자의 손을 잡았을 뿐이다. 우리네 나이로 스물셋. 갓 대학을 졸업하고 만난 지 한 달도 채 안 되는 남자와 덜컥 결혼을 하고 한 달 후에 마치 소풍이라도 가듯 비행기에 올랐다. 무슨 파티에 참석하려 출국하는 사람처럼 고운 한복을 가방에 하나 가득 담아갈 만큼 철부지였고 결국 입어 보지도 못한 옷들은 커튼으로 전락되고 말았다. 창보다는 내 부끄러움을 가렸을 것이다.

그렇게 시작한 이국생활을 십년정도에서 끝내고 우리는 귀국했다. 뇌졸중으로 쓰러진 시숙의 죽음이 직접적인 원인이 되었지만 어쩌면 돌아갈 구실을 찾고 있었던 것은 아니었나 싶다. 호주, 시드니의 온화한 날씨며 그림 같은 풍경들을 이따금 그리워하지만 내 나라로 돌아온 것을 후회하지는 않는다.

이번 여행에서 옛집이며 큰아이가 잠시 다녔던 학교도 찾아보았다. 옆집에 살던 자상한 언니 같았던 일본인 도모꼬도 만나보고 싶었지만 캐나다로 이주했다고 한다. 부모형제에 대한 그리움과 타향살이의 외로움을 함께 나누었던 옛 친구들을 만났다. 이제는 모두 은퇴하여 여행과 운동으로 소일하고 있었다. 어쩌면 나도 떠나온 곳에 대한 그리움을 가슴에 묻고 저들과 같은 모습으로 나이 들어가고 있었을 것이다. 그들을 보면서 문득 떠올린 것이 롤링 부쉬였다.

몇 달 전에 미국여행을 다녀왔다. 그때 만난 가이드는 대학교수직을 던지고 여행을 직업으로 택했다는 이민 2세였다. 그는 어떤 질문에도 역사적 배경까지 자세히 설명해주어 여행의 격을 높여주는 것 같았다. 라스베이거스로 가는 길, 모하비사막에는 축구공같이 생긴 식물들이 넓게 자리 잡고 있었다. 사막에서 풀이 자라는 것을 이상하게 여겼는데 가이드의 설명에 의하면 사막의 바람에 의해 번식하고 자라는 식물이라 했다. 물을 찾아 긴 뿌리를 내리는 그 식물은 줄기가 어느 정도 자라면 말라 떨어져나가게 되고 그 줄기 뭉치가 다시 뿌리를 내릴 물을 찾아 굴러다닌다는 것이다. 그래서 이름이 롤링 부시인데 텀블링 위드라고 불리기도 한단다.

60년대 말부터 70년대에 걸쳐 많은 사람들이 아메리칸 드림을 찾아 미국으로 갔다. 그들이 낯선 땅에서 서로 어깨를 곁붙이면서 형성된 곳이 LA 한인 타운이다. 그 지역은 내가 예상했던 것보다 훨씬 규모가 컸다. 그만큼 많은 사람들이 기회의 땅을 찾아갔다는 반증이 아닌가. 그런데 한인 타운의 대로변에 즐비한 상가건물들은 중년을 넘긴 어깨가 축 처진 가장의 모습을 하고 있었다. 거리도 한적했다. 아마 방금 전에 보고 온 헐리웃의 북새통이나 비버리힐즈의 고급스럽고 화려한 거리와 비교가 되었을 것이다. 실용적인 미국인들은 겉치레보다는 내용이 충실한 것을 찾기 때문에 굳이 겉치장을 하지 않는다지만 내 피붙이의 살림살이가 걱정이 되는 심정이었는지 허름하고 한적한 것에 공연히 마음이 무거워지고 우울해졌다. 그러나 이제 한인 타운을 형성하고 있는 사람들의 삼분의 이 이상이 남미계열이라 했다. 그곳에서 어느 정도 여력이 생긴 사람들은 미국사회에 편입되기를 바라며 그들이 살고 있는 지역으로 옮겨갔을 것이다.

롤링 부시에 대한 설명을 듣고 난 후 떠올린 것은 나 자신이었다. 안정된 생활의 기반을 잡게 된 후에도 때때로 바람 부는 언덕에 서 있는 것 같았던 호주에서의 내 모습이 생각났다. 그래서 가이드에게 이제는 미국에 온전히 뿌리를 내렸는지 물어보았다. 그는 이민생활을 이야기하기 시작했고 차차 감정이 격앙되어갔다. 몇 해 전 흑인폭동 당시의 상황이 떠올랐던 모양이다. 그때 헐리웃에 인접한 비버리힐즈를 보호하기 위해 의도적으로 한인타운으로 흑인들을 유도했다는 것이다. 미국 경찰이 들었다면 터무니없는 억측이라 할 것이다. 그러나 그런 말이 한인 사회에 떠돌았다면 그만큼 평소에 잠재적인 피해의식이 있었다는 것이 아닌가. 고국이 싫어서 떠난 게 아니었기에 언젠가는 돌아가기 위해 많은 한인들이 시민권을 취득하지 않은 상태였고, 그것이 경찰이 흑인들을 그쪽으로 유도한 이유였다는 것이다. 그 사건 후에 시민권을 취득하고 한인 타운을 떠난 사람이 많았다고 했다. 힘들게 꿈을 찾아 왔지만 돌아갈 채비를 하고 있었다는 것은 생활의 뿌리는 내릴 수 있었지만 마음까지 안착시킬 수는 없었다는 것은 아닌지.

시리아 난민들의 문제로 세계가 떠들썩하다. 잘 살기 위해서가 아니라 살아남기 위해 죽음을 무릅쓰고 배를 타고, 기차에 오르는 사람들. 종교나 민족이라는 빌미를 내세워 더 이상 목숨조차 부지할 수 없는 삭막한 사막을 만드는 사람들 때문에 삶의 터전을 버리고 떠날 수밖에 없는 사람들일 것이다.

꿈을 찾아가는 이민, 살아남기 위해 떠나는 난민. 그들이 어디를 가더라도 마음까지 튼실한 뿌리를 내리고 안착할 수 있기를 기도해본다.

산다는 것은 어쩌면 몸과 마음이 온전히 뿌리내릴 수 있는 곳을 향한 끝없는 구르기인지도 모르겠다.

(2015.)

알래스카, 그 여름

알래스카 가는 길

망연히 바라보고만 있었다. 물살을 가르는 배가 만들어 내는 포말에 빛 무리가 요동을 치며 튕겨 나가 만들어진 빛 길. 그 빛비늘 길이 물로 지워지는 배경에는 푸르디푸른 하늘에 하나하나가 그대로 하얀 조각품인 구름들이 널려 있었던 것이다. 자연이 만들어 내는 위대한 예술 앞에 그대로 넋을 놓을 수밖에 없었다.

여행은 몸으로 하는 독서라고 하지 않던가. 알래스카를, 빙하를 최초로 탐험에 나서기라도 하는 양 비장한 결의로 세 여자가 뭉쳐 그 독서를 해 보기로 했다. 모두 70을 눈앞에 둔, 그러나 할머니이기를 거부하고 아직은 '꽃보다 누나'라고 우기는 우리가 알래스카를 향한 모의를 시작한 건 일 년 전이었다. 밴쿠버에 살고 있는 친구가 한국에 있는 아들을 보러 온 지난해 여름에, 젊은 한 시절을 테니스장에서 함께한 우리는 그날도 유명산을 오르다가 문득 몇 해 전에 북미의 등뼈 로키 여행에서의 추억담을 꺼냈다. 그때 우리가 먹어 치웠던 어마어마한 양의 먹거리며, 로키가 품고 있던 아름다운 호수에 대한 이야기를 하다가 문득 다시 한 번 그런 모험을 해 보는 것으로 서로 마음을 뭉친 것이다. 모든 일정은 알래스카를 갔다 온 적이 있는 밴쿠버 친구에게 일임했다.

이누이트(에스키모)족과 알류트족의 땅으로 석유와 천연가스의 보고라는 알래스카는 1741년 덴마크의 탐험가 비투스 조나센 베링의 부하인 알렉세이 일리치 치리코프가 최초로 발견한 후 러시아의 영토로 인정받다가, 1867년 미화 720만 달러로 미국에게 양도되었다고 한다. 알래스카라는 이름도 '섬이 아닌 땅'이라는 의미의 알류트어에서 유래되었다. 면적은 남한의 17배 정도로 미국에서 가장 넓은 주이며 초보 여행자에게는 6월 중순부터 8월까지 3개월 남짓이 편하게 움직일 수 있는 때라는 정도가 떠나기 전 내가 알래스카에 대해 알고 있는 전부였다.

우리가 밴쿠버에서 렌트한 자주색 밴의 트렁크에 슬리핑백과 쌀 김치 된장은 물론 체리 파인애플 망고 같은 과일까지 더 이상 우겨넣을 틈이 없을 만큼 챙겨 넣고 출발한 것은 7월 중순이었다. 우리의 일정을 전해 들은 렌터카 회사의 직원이 무리가 아니겠느냐는 눈치였다고 했다. 그때는 웃어넘긴 말이었다. 그러나 우리를 기다리고 있는 것이 하루에 칠팔백 킬로 때로는 천 킬로 넘게 긴 카라반을 추월해 가며 운전해야 하는 위험하고 힘든 여정이라는 것을 몰랐을 때의 일이었다.

밴쿠버에서 페리로 나나이모(Nanaimo)에 도착해 포트 하디(Port Hardy)로 가는 길에 들렀던 고즈넉한 야영장에서 슬리핑백을 펼쳐 놓고 누워서 들었던 조수미의 〈아베마리아〉는 낯선 여행지를 찾아 떠나는 약간의 긴장감을 바람의 부드러운 손길로 토닥여주는 듯했다. 포트하디에서 하룻밤을 묵은 후 친구가 계획한 여행 코스에 따라 프린스 루퍼트(Prince Rupert)로 가는 페리에 올랐다. 이른 새벽부터 페리를 기다리는 차의 긴 행렬과 그 질서정연함은 그것만으로도 여행자에겐 충분한 볼거리였다. 그러나 배가 육지를 뒤로 하고 얼마나 지났을까. 그 후로는 빛과 포말이 만드는 환상적인 길 그리고 하늘과 구름이 펼쳐 내는 아름다움에 탄성이 모자라 넋을 잃었고 이따금 점점이 떠 있는 섬 뒤로 해무가 펼쳐 놓는 풍광은 낯선 땅을 찾아가는 설렘에 더하여 가슴을 아련하게 만들었다. 덤으로 고래의 분수 쇼도 보았으니 하루 동안 뱃길에서 본 것만으로도 그대로 여행이 끝난다 해도 그다지 아쉬울 것이 없을 것만 같았다.

그날 이후 밤마다 지도를 펼쳐 놓고 자동차로 알래스카로 갈 수 있는 유일한 길인 알래스카 하이웨이로 가기 위해 우리가 거쳐야 할 도시를 정하고 중간 지점쯤에 점심을 해 먹기 위해 캠핑장을 두리번거리곤 다시 그날의 목적지를 향해 자동차의 속력을 높였다. 도착한 도시에서 다시 잘 곳을 찾아 헤매는 게 며칠간 우리의 일정이었다. 늦은 밤에 도착해 잠자리 찾기가 쉽지 않았던 프린스 조지(Prince George), 만개한 카놀라의 신비한 노란색으로 물들었던 들판은 끝이 보이지 않아 지평선이 아니라 우리가 명명한 화평선을 보여 주었던 도슨 크리크(Dawson Creek). 도슨 크리크에서는 마땅한 숙소를 구하지 못해 카라반이 머무는 곳의 한쪽 귀퉁이에서 폭우가 쏟아지는 밤을 차에서 자야 했다. 슬리핑백이 그렇게 포근하게 여겨질 수가 있을까. 포트 넬슨(Fort Nelson) 근처의 리어드 리버 온천(Liard River Hotspring)의 극성스럽던 모기떼와 화장실에서도 전투를 벌여야 했던 일, 비를 맞아 가며 뜨거운 온천수에 몸을 담그고 며칠간 쌓였던 피로를 풀기는 했지만 밤새 다시 비와 모기 때문에 차 안에서 옴짝달싹할 수가 없었던 일은 이제야 추억이 되었지만 참으로 고역이었다.

밴쿠버를 떠난 지 엿새 만에 알래스카 하이웨이가 있는 유콘 주에 첫 발을 디뎠다. 유콘 주의 주도인 화이트호스(Whitehorse)에서는 늦은 밤에 도착해 간신히 가정집에서 숙박을 하는 비엔비(Bnb) 하나를 구할 수 있었다. 제대로 저녁은 먹을 수가 없었지만 이튿날 아침 핀란드 출신으로 젊은 날 가수를 했다는 주인 여자가 만들어 준 머핀에 크림치즈를 얹어 먹은 아침 식사는 전날 밤의 배고픔을 충분히 보상해 주었다. 그리고 아이들의 신발로 만든 벽에 걸린 액자는 잠시 자식을 향한 부모의 마음을 돌아보며 가슴을 뭉클하게 만들었다. 우리는 지불한 숙박비에 비해 후한 대접을 받았다는 흐뭇한 마음으로 그 집을 떠났다.

알래스카로 향하는 여행객들로 여행 안내소가 북적였던 도슨 시티(Dawson city)에 도착했을 때는 창살같이 내리꽂히는 햇살을 피하기가 쉽지 않은 뜨거운 날이었다. 마치 서부 영화의 세트장처럼 보이는 그곳에는 유난히 역사가 오래된 은행들이 눈에 띄어 오래전 그곳이 골드러시로 이루어진 도시라는 것을 말해 주고 있었다. 그날 밤은 캐나다와 미국의 국경과 멀지않은 야영장에서 백야를 보냈다. 그곳에는 밤에 곰이 자주 출몰한다 하여 평소와 달리 짐을 모두 차 안에 둔 채 짐 사이에 갇혀 밤새 차려 자세로 누워 있어야 하는 곤욕을 치르기도 했다.

이튿날 이른 새벽에 출발해 세계에서 가장 높은 하이웨이라는 팻말이 세워진 알래스카 하이웨이에 당도했다. 분홍색과 자주색이 어우러진 융단을 깔아 놓은 듯 산허리를 감고 있는 파이어위드(fireweed)의 아름다움에 간밤 제대로 잠을 못자 뻑뻑해진 눈길이 자꾸 가, 자칫 대형 사고로 이어질 같아 가슴을 졸이며 운전해야 했다. 우리와 함께 국경 관리소가 열리기를 기다렸던 마흔 남짓 되어 보이는 남자는 자전거와 캠핑카로 세계를 두루 보고 있다고 했다. 그가 중국을 거쳐 왔다며 친근함을 보이는 것으로 보아 우리를 중국인으로 짐작한 모양이었다. 그의 젊음과 패기가 부러웠다. 우리는 "10년만 젊었더라면…." 하며 우리도 해낼 수 있는 일인 양 고개를 꼿꼿이 세워 보았지만 글쎄 그럴 수 있었을까. 그러나 이제 우리의 목적지인 빙하가 그리 멀리 있지 않다는 생각만으로도 가슴이 뛰었다.

국경을 넘었으니 이제 알래스카에 들어선 것이다. 돌이켜 보면 끼니 때마다 모기와 싸웠고 목적지에 닿기 위해 위험한 빗길을 과속으로 운전해야만 했고 잠자리 때문에 어려움을 겪기도 했지만 그날들이 나의 생이라는 여로에서 뱃길에서 보았던 빛 비늘길처럼 여행이라는 몸의 뒤척임에 아름다운 자연이 배경이 되어준 황홀한 빛 길이 아니었나 싶다.

신음 소리

알래스카에서는 맨 먼저 빙하 지역을 두루 관광하는 크루즈선이 출항하는 도시 발데즈(Valdez)로 향했다. 발데즈에 도착한 시간 역시 늦은 오후였다. 여행 안내소의 도움을 받아 찾은 숙소는 널찍한 터에 자칫 길을 잃을 수도 있을 만큼 수많은 캐빈이 번호를 달고 여행객을 기다리고 있었다. 그만큼 많은 사람들이 빙하를 향해 배를 탄다는 것을 일러 주는 것이리라.

이튿날 아침 10시에 출항한 배는 해무와 산자락이 펼치는 아름다움에 잠시 마음을 빼앗기고 있는 동안 우리를 거대한 빙하 지역으로 데리고 갔다. 베링해협에서 만나는 해무 역시 한 폭의 동양화를 그려 내어 가슴을 아련하게 만들었다. 그러나 문득 저 아름다운 해무가 원양어선에게는 공포의 대상일 것이라는 생각이 들었다. 몇 해 전 오룡호 선원들이 차가운 얼음 바다에 수장되었던 것이 떠올라 전처럼 마냥 감상에 빠질 수만은 없었다. 북극해가 인접해 있다는 생각 때문이었을 것이다. 거대한 얼음덩어리라 새하얀 빙산을 예상했으나 빙하는 옥색을 품고 있었다. 그 옥색의 빙하를 보는 순간 나도 모르게 가슴에 퍼런 멍이 든 지구라는 생명체를 상상하게 되었다.

빙하, 켜켜이 쌓인 빙하는 내가 도저히 가늠조차 할 수 없는 시간을 품고 있을 것이다. 지구의 역사를 품고 있는 빙하의 한 귀퉁이가 무너지고 있었다. 무너져 내리며 소멸하는 것 역시 순환하는 대자연의 법칙일까. 승선하고 있는 동안 내내 들었던 그라지아(Glasier), 빙하의 낙하. 옥색 빙하의 거대한 덩어리 한 더미가 굉음을 내며 주저앉는 것을 바라보면서 귀가 아프도록 들어온 지구 온난화와 먹이를 찾아 헤매는 북극곰을 떠올리지 않을 수가 없었다. 사진기나 휴대폰의 동영상으로 낙하의 순간을 잡으려고 뱃전으로 몰려가서 즐거운 비명을 지르는 사람들 사이에서 나 역시 휴대폰을 들이대다 말고 문득 어디선가 북극곰 한 마리가 우리를 바라보고 있는 듯해 슬며시 휴대폰을 내리고 말았다.

크고 작은 빙하 조각들이 떠다니는 좁은 협곡을 따라 배는 얼음 성벽을 뒤로 하고 서서히 움직였다. 빙하가 녹아내린 해안에는 수다쟁이 바다사자들이 몸을 말리고 있었고 무리지어 묘기를 보여 주던 돌고래와 빙하 조각을 타고 장난을 치던 해달도 물길이 주는 즐거움이었다. 그리고 운이 좋게도 물을 솟구치고 오르는 고래를 보았을 때는 탄성이 절로 나왔다.

이튿날 빙하의 여운을 안고 앵커리지(Anchorage)로 향했다. 알래스카의 가장 큰 도시인 앵커리지에서는 한국인이 경영하는 모텔에 묵었다. 서울에서 직장 생활을 하다가 이곳으로 이민을 왔다는 그는 삼십 대 후반으로 보였는데 자그마한 모텔을 경영하는 사람치곤 조금은 풀이 죽어 보여 공연히 측은한 마음이 들었다. 젊은 사람이 이역만리 지구의 끝자락에서 유배 생활이라도 하는 양 보게 되는 것은 그 나이 또래의 아들을 둔 어미의 마음이 앞선 탓이리라. 그는 우리에게 기차 여행을 권했으나 떠나야 할 날짜가 정해진 우리는 최종 목적지인 디날리(Denali) 국립공원 방향으로 핸들을 잡았다.

'높은 하나' '우뚝 솟은'이라는 뜻인 디날리는 우리의 산악인 한 분이 하산하는 도중에 실종된 것으로 알려진 매킨리산(Mount Mckinley)이 있는 국립공원이다. 산의 높이가 6,194m인 북미의 최고봉으로 경비행기를 타야 제대로 볼 수 있다고 했지만 경비가 만만치 않아 버스 투어로 만족하기로 했다. 예순은 훌쩍 넘어 보이는 버스 기사는 8시간 동안 천 길이나 되어 보이는 아득한 절벽을 끼고 곡예와 같은 운전을 하며 설명도 곁들였다. 그의 운전은 이따금 가슴을 쥐게 했지만 사슴의 일종인 무스나 순록 산양 같은 야생동물이 눈에 띄면 방향을 가리키며 버스를 세워 촬영할 수 있도록 배려해 주었다. 불곰도 몇 마리나 볼 수 있었지만 너무 멀리 있었고 하나같이 먹이를 먹느라 고개를 땅에 박고 있어 실물을 보았다기보다 무슨 영상을 본 것 같다. 또한 날개를 펼친 독수리는 너무 거대해 자세히 바라보기가 조금은 두려웠다.

알래스카 지역이라 싱싱한 연어와 바다가재를 염두에 두고 찾아간 대형 마트에서는 냉동으로 된 것밖에 없어 실망스러웠다. 그러나 함께한 친구들의 요리 솜씨가 워낙 뛰어나 매 끼니마다 과식을 하게 되었다. 그렇지만 우리가 먹어 내는 음식의 양은 로키 여행 때의 절반에도 못 미쳤고 그것이 우리의 나이를 절감하게 만들었다.

돌아오는 길은 알래스카 하이웨이의 시발점인 패어뱅크스

(Fairbanks)에서 출발해 밴쿠버로 돌아왔다. 그 길에서도 해 질녘이 되면 차도를 따라 마치 귀가라도 하듯 어슬렁거리는 야생동물들을 만나 찬찬히 바라보는 행운을 누릴 수 있었다. 동계올림픽이 열렸던 도시 휘슬러에서는 곤돌라를 타고 산의 정상에 올라 만년설을 밟아 보는 행운을 누릴 수 있었다.

몸으로 하는 독서라는 여행. 알래스카 여행은 나에게 무엇을 남겼을까. 빙하의 여운이랄까, 지구의 한 자락이 무너져 내리면서 들려오던 소리가 왜 지구의 신음 소리로 기억되는지, 가슴 깊숙이 퍼렇게 멍이 든 지구의 한숨 소리로 남았는지 모르겠다. 어쩌면 옥색의 빙하와 지구 온난화에 대한 불안한 마음 때문인지도 모르겠다. 그러나 태곳적 신비를 간직하고 있는 빙하와 툰드라 지역을 바라보며 보낸 그 여름날들은 내 마음에 색다른 그림으로 남아 있고 때때로 환청처럼 들려오는 신음 소리는 문득 내 행동 하나하나에 제동을 걸며 한동안 나를 놓아 주지 않을 것 같다.

(2015.)

노후 준비

준비된 노후. 한동안 나의 최대 관심사였다. 늪에라도 빠진 듯이 생각에서 헤어날 수가 없었다. 평균 수명이 팔십을 넘겼다고 하니 기대치의 수명이 구십이라 해도 그다지 무리는 아닐 것이다. 하긴 금융회사에서는 '백세시대'라는, 생각하기에 따라서는 조금 두렵기도 한 말을 쓰기 시작한 지 한참이나 되었다.

자영업을 하고 있는 나는 정년퇴직을 염두에 두지 않아도 된다. 그러나 유행에 민감한 여성 의류를 취급하고 있으니 아무래도 감각이 떨어지는 것을 의식하지 않을 수가 없다. 그뿐인가, 열심히 운동을 하고 있는데도 체형이 슬슬 변하기 시작하더니 이제는 고객을 위해 옷을 입어 봐 주는 모델 노릇이 때로 겸연쩍어 주춤거리게 된다. 육십을 넘기면서 내 자리가 어색해 보이지나 않는지 자꾸 나를 돌아보기도 한다.

처음 이 일을 시작할 때는 아이들이 학업을 끝낼 때까지만이라도 일할 수 있으면 했었는데 어느새 아이들이 결혼해 분가를 했는데도 나는 아직도 일을 놓지 못하고 있다. 처음과는 달리 욕심이 커진 것이다. 퇴직금이나 연금같이 노후를 위해 특별히 준비된 것이 없다 보니 통장 잔고와 타협하지 않을 수 없는 입장이다. 그래서 틈만 나면 은퇴 후에 대한 생각에 빠진다. 어느 날은 소박한 노후 생활을 편안하게 받아들이기도 하지만 때로 수명을 고무줄처럼 길게 늘여놓고 일에 매여 할 수 없었던 것들을 빼곡히 채워 본다. 관심을 온통 노후 생활에 필요한 숫자에 두고 난 후부터였을까, 마음이 몸보다 더 빠르게 노년으로 달려가는 것 같다.

한 해의 절반인 유월이다. 어느 시인의 표현대로 비단결같이 부드러웠던 유월의 햇살이 가뭄으로 인해 잘 익은 모래알같이 서걱거린다. 메마른 대기 속에서도 땅은 초록을 펼친다. 그런데 언제부터였을까, 뜨거운 햇살과 진초록의 향연이 더 이상 내 주의를 끌지 못한다. 공산품을 찍어 내듯 모양새 비슷한 나날을 살고 있는 것은 나라고 해서 별반 다르지 않지만 그 속에 담긴 생각이 노후 생활에 고정되어 움직이지 않으니 몸에 군살이 불어나듯 마음에 지방이 늘어나고 있는 것 같다. 마음의 비계 탓인지 감동하는 일이 드물다. 건강검진을 하듯 때때로 마음의 검진도 필요한 모양이다. 가슴이 뛰지 않고 감동할 수 없는 상태라면 그건 치유가 필요한 지경이 된 것이 아니겠는가.

사람은 나이 들어 죽는 것이 아니라 마음이 주저앉아 사그라지는 것이라 한다. 비계 때문에 마음이 주저앉기 전에 체계적인 마음 운동 계획표를 만들어 보리라. 계획표를 생각하니 떠오르는 것이 있다. 초등학생 때였다. 그때는 방학 동안의 생활 계획표를 만드는 숙제가 있었다. 둥근 시계를 그리고 그 속에다 하루의 일과를 적어 내는 것이다. 아침잠이 많아 학기 중에도 일어나 본 적이 없는 여섯 시에 '기상'이라고 큼지막하게 쓰고 대부분의 시간에 '공부'라고 의기양양하게 적었다. 틈틈이 '놀이' 또는 '휴식'으로 밤 열시의 '취침'까지를 채워 넣은 계획표가 또렷이 그려진다. 간혹 선생님의 얼굴이 떠올라 고개를 숙이게 하던 계획표였다. 돌이켜보니 난생처음으로 하루를 돌아보며 '반성'이라는 마음의 파장을 일으키게 했던 것이 그 계획표였다. 그것은 어린 내가 생각했던 바람직한 초등학생의 일과였으리라. 예나 지금이나 나는 실천 가능성은 염두에 두지 않고 곧잘 계획을 세운다. 이제는 의지가 약하고 게으른 사람도 해낼 수 있는 조금 느슨한 계획을 세워야 할 것이다.

이태 전에 노년을 염두에 두고 지금 살고 있는 집으로 이사를 했다. 오래된 아파트라 가격이 내 형편에 맞았고 무엇보다 눈만

들면 바라보이는 산과 남새밭이 마음을 끌었다. 집수리를 하면서 방의 벽 한 면을 책장으로 채우고 또 한 면에는 책상을 넣었다. 침대와 책상과 책장만으로 채워진 방. 이 방에서라면 헛된 잡념 없이 책을 읽고 습작을 할 수 있을 것 같았다. 그러나 초등학생 시절로부터 한 치도 자라지 못한 내 의지력은 책상 위에 먼지만 쌓아 가고 있다.

책상의 먼지를 마음의 때를 지우듯 천천히 닦아 내고 계획표를 붙일 것이다. 우선 '눈앞에 펼쳐진 초록에 눈 맞추고 남새밭에 귀 기울이기'라고 적을 것이다. 자연에 의지해 마음을 다스려 볼 작정이다. 청정하고 겸손한 것에 관심을 가지면 마음의 비계도 조금씩 줄어들지 않겠는가. 그동안 마음을 비우느니 내려놓느니 하며 지켜지지 않는 다짐을 수도 없이 해 왔다. 이제는 아무리 의지가 약하고 게으른 사람이라도 할 수 있는 것부터 시작해야겠다. 그리고 '습작과 공부'라고 큼지막하게 쓰는 것도 잊지 말아야지.

시작이 반이라고 했던가. 이제 겨우 계획을 세웠을 뿐인데 마음이 한결 가벼워진 듯하다. 지방이 한 움큼 빠져나간 자리를 채우듯 문득 떠오르는 것이 있다. 일에서 은퇴하는 날부터 노년이 시작된다고들 하지 않는가. 그렇다면 더 이상 노후를 걱정할 필요 없이 수필이라는 일을 놓지 않고 영원히 현역으로 살면 어떨까.

(2012.)

가족사랑, 풍랑을 이겨 낸 그 의지

-이춘희 에세이 ≪구름은 좋겠다≫를 읽고-

이 정 림

≪에세이21≫ 발행인 겸 편집인·수필평론가

1.

한평생 살다 보면 어쩔 수 없이 삶의 흔적을 남기게 된다. 흘러가는 구름처럼 흔적 없이 사라지는 것이 최고의 경지라지만, 의도하지 않아도 흔적은 남게 마련이다. 그래서 훗날 어떤 흔적을 남기게 될까 때로는 자성하며 때로는 후회하며 사는 것인지도 모른다.

이 작가는 "특별할 것도 없는 사람의 마음의 궤적을 돌아보고, 부끄러워하면서도 지워버리고 싶지 않았던 것은 훗날 내 아이들이 제 어미가 그리워지면 이 흔적들이 조금쯤은 위로가 되지 않을까"(〈책머리에〉) 하는 마음으로 글을 썼다고 한다. 자손들이 그리움으로 추모할 수 있는 흔적을 남긴다는 것은 자신의 삶에 성성자(惺惺子)를 다는 일과도 같다. 그래서 이 작가의 별호가 '교양과목'(〈사람과 사람 사이〉)이라는 사실이 조금도 이상하게 들리지 않았다.

2.

순풍에 돛 단 배처럼 평생을 풍파 없이 살고 싶은 것은 누구나의 꿈일 것이다. 그러나 살다 보면 때로는 소나기도 만나고 비바람도 맞는다. 그런데 그런 역경이 지나고 보면 나쁜 것만은 아니었음을 알게 된다. 그런 역경이 있었기에 모르고 지냈던 것들을 볼 수 있었고 새로운 생각들을 할 수 있었기 때문이다.

이 작가가 맞닥뜨린 뜻밖의 역경은 남편의 파산이었다. 평생 순풍만 불 것 같던 삶이었기에 그 풍랑은 더욱 견딜 수 없었을 것이다. 그러나 그는 곧 "삶이란 자신의 의지로 짜 나가야 하는 피륙 같은 것"(〈거울을 닦듯이〉)임을 깨닫고, 사십이 넘은 나이에 남편 대신 생활의 운전대를 잡는다. 초보운전자는 모든 것이 두렵고 조심스럽게 마련이다(〈가변차선〉). 그러나 그가 용기를 가질 수 있었던 것은 지켜야 할 가족이 있었기 때문이다.

> 실감이 나지 않던 남편의 파산이 차츰 현실로 받아들여지면서, 재물이 없어진 후에 오는 허망함은 그것이 주던 안락함이나 풍요로움보다 훨씬 크게 와 닿았다. 그러나 오래 움츠리고 있을 수만은 없었다. 무엇보다 불안한 눈으로 지켜보고 있는 아이들을 안심시켜야 했다. 또한 여기에서 그대로 허물어진다면 그것은 내가 지금까지 재물에만 의존해 살아왔다는 것을 인정하는 게 아닌가 하는 생각이 든 것이다. 그래서 내가 처한 상황을 담담히 받아들여야겠다고 마음을 다졌다.
>
> — 〈부끄러운 본능〉 중에서

이렇듯 맵게 자신을 다잡아도 "산다는 것은 무거운 겉옷을 벗고 숨 가쁘게 뛰어도 어느 순간 털썩 주저앉"(〈맏이〉)고 싶을 만큼 힘든 것이다. 그래서 그는 제 몸에 실린 것이 무거우면 비 한 줄기로 털어내고 바람에게 제 몸을 맡기는 구름이 부러웠는지도 모른다. "구름은 좋겠다. 제 무게 버거우면 비 한 줄기 뿌리면 그만인 것을…."(〈구름은 좋겠다〉). 이 한마디만큼 그의 곤한 마음을 적확하게 표현한 말도 없을 것 같다.

사막에서 하룻밤을 지새우면서도 뼛속까지 파고드는 추위가 낯설지 않았던 것은 이미 그런 추위를 겪어 보았기 때문이다.

> 문득 어느 날 밤이 떠올랐다. 벌써 이십 년이 가까워 오고 있는데도 아직도 그 밤은 이따금 악몽처럼 나를 놀라게 한다. 남편 회사의 부도로 살던 아파트를 내어 주고, 옹색하게나마 그래도 두 아이와 함께 한 지붕 아래 잠들 수 있다고 안도하던 그 겨울의 밤이 떠올랐던 것이다. 머리맡에 두었던 컵의 물이 꽁꽁 얼어붙어 있는 것을 처음 본 그 밤, 놀라서 옆방으로 가 보니 웅크리고 잠들어 있는 아이들 머리맡에도 물은 얼어 있었다. 아이들이 볼세라 다급하게 물 컵을 들고 나오는데 다리가 후들거렸던 것이 어제 일처럼 선명하다.
>
> — 〈사막의 밤〉 중에서

그런 상황에서 좌절이나 방황은 오히려 사치였다고 했다. 그 추위보다 더 견딜 수 없었던 것은 현실의 냉기였기 때문이다.

이 작가는 마침내 그 추위를 이겨 내고 일어선다. 갯가에서 태어난 사람만이 가질 수 있는 강인한 정신으로, 또 그냥 주저앉아 버릴 수는 없다는 타고난 자존심으로, 그리고 무엇보다 가족을 지켜야 한다는 어머니로서의 책임감으로….

그런 그의 의지는 대체 얼마큼 크고 얼마큼 강했을까. 어떠한 불가능도 가능으로 바꾸려는 의지, 부정에 좌절하기보다 긍정을 창출해 내고자 하는 의지, 그리고 선입관에 얽매이려 하지 않는 그 강한 도전 정신이 〈사막의 밤〉이라는 글에 잘 드러나 있다. 사람들이 피우는 모닥불의 불티가 하늘로 올라가는 것을 보고 그는 생각한다. 유성은 하늘에서 떨어지기만 하는 것이 아니라 하늘을 향해 올라갈 수도 있다고. 그리고 불안으로 얼어붙은 가슴을 녹이는 것은 기도가 아니라 현실을 있는 그대로 받아들이고 그것에 적응하는 것이라는 사실을.

그는 이제 자신의 노력과 의지로 성난 바다를 가라앉혔다. 그리고 "노후를 걱정할 필요 없이 수필이라는 일을 놓지 않고 영원히 현역으로 살"(〈노후 준비〉)고 싶은 꿈까지 꾸게 되었다. 그러나 풍랑으로 가라앉을 뻔한 배를 화려한 요트로 변신시킨 그의 세월 속에는 남에게 보일 수 없었던 눈물도 들어 있을 것이다.

여기에서 그는 자신도 예상하지 못한 새로운 변화를 맞이하게 된다. 지금까지 그의 가시거리에는 가족밖에 없었다. 그런데 어느 날부터 그 가시거리에 타인이 들어오기 시작한 것이다.

〈수제비와 오백 원〉이라는 글은 점심시간에 오백 원을 아끼기 위해 수제비만 먹었던 날의 회상이다. 그런데 지금은 오백 원을 아끼지 않아도 되는 형편에 있으면서도 그 절약하던 습관을 버리지 못해 인색함을 자초한 날의 미안함을 썼다. 그는 식당에서 주차를 대신해 주는 사람에게 줄 팁이 아까워 청년의 손에서 자동차 열쇠를 야멸치게 빼앗는다. 그러면서 순간 마주친 청년의 눈빛에서 불안감을 읽는다. 그 불안감은 그에게도 낯선 것이 아니지 않던가.

가난이란 약간의 불편을 감수하는 것일 뿐이라고 입버릇처럼 말했지만 겨우 오백 원을 두고도 당당할 수 없는 내 마음 가짐이 서글펐다.

막막하기만 했던 날들이 지나간 후에야 그때의 나를 이해하게 되었다. 그것은 불안이었다. 불확실한 내일에 대한 불안, 외면하고 싶었던 궁핍에 대한 두려움이 오백 원에도 연연하게 만들고 불안이 더욱 자신을 초라하게 느끼도록 했다는 것을 깨달았다. 그러나 그것은 가족을, 두 아이를 지켜야 했던 어미의 본능 같은 게 아니었을까.

불안으로 눈빛이 흔들리던 청년을 통해 다시 수제비와 오백 원의 기억을 떠올렸다. (…)남들보다 먼저 뛰어야 했던 청년의 고단한 삶이 훗날 훈훈한 추억으로 남기를 빌어 본다.

— 〈수제비와 오백 원〉 중에서

〈손짓〉은 널어놓은 빨래가 비를 맞고 있는 것을 바라보며 쓴 글이다. 비가 오는데도 빨래를 걷지 않는 사람은 분명 게으른 사람일 것이다. 그런데 이 작가는 비 맞는 빨래를 거두어야 한다는 생각도 하지 못할 정도로 무기력한 주인을 생각한다. 그런 주인의 모습이 자신의 모습이기도 했기 때문이다.

> 길 건너 옥상에 널린 빨래는 한층 거세어진 비바람에 부대끼고 있다. 그것을 바라보니 거기에 이십여 년 전의 나와 같이 누군가의 손길이 필요한 사람이 있을 것만 같다. 나지막한 집을 헐고 높은 빌딩을 세우면서 그 빌딩만큼 부풀어 갈 행복을 꿈꾸었을 사람. 어쩌면 바로 그 사람이 저 건물의 어느 구석에 웅크리고 있는 것은 아닌지.
>
> — 〈손짓〉 중에서

이 글은 "비는 쉼 없이 내리고, 길 건너의 흰 천은 나에게 구원을 요청하는 손짓처럼 펄럭이고 있다."라고 끝을 맺었다. 아파 본 사람만이 남의 아픔을 이해할 수 있는 것처럼, 그에게도 남의 절박한 마음을 알아볼 수 있는 눈이 생기게 된 것이다.

그러나 이 작가의 마음에 타인이 들어오기 시작한 것은 자신이 직접 삶의 고달픔을 경험한 후부터가 아니었다. "부모라는 따뜻한 언덕에 기대어 내게 비춰지는 보드랍고 환한 햇살을 받기만 하면 되었"(〈그늘과 양지〉)던 어린 시절에 그는 이미 남의 아픔을 볼 수 있었던 아이였다. 하얀 바탕에 빨간색 두 줄이 선명한 벙어리장갑을 끼고 시장에 갔을 때, 물건을 파는 아이의 얼어터진 손등을 보고 놀란다. 그리고 얼른 장갑을 벗는다. 그때 왜 장갑을 벗었는지 그 이유는 몰랐겠지만, 아이의 마음속에는 이미 타인에 대한 애정과 연민이 들어 있었던 것이 아닐까.

그날따라 무엇이 그리도 즐거웠던지 노래를 흥얼거리며 깡충깡충 뛰면서 갔던 그 길을 나는 고개를 숙이고 터덜터덜 걸어 돌아왔다.

내가 처음으로 삶의 고단함을 엿본 것은 그 손등에서였을 것이다. 어린 나로서는 고단한 삶의 흔적이라는 것까지는 깨닫지 못했지만, 갈라지고 피맺힌 손등을 보면서 뽀얀 손이 왠지 미안하게 생각되었던 것이다.

— 〈그늘과 양지〉 중에서

일찍이 남의 아픔을 알아볼 수 있었던 아이는 "갈라진 손등에, 울고 있던 어미에게 그들 생의 어느 부분에 나에게 주어졌던 만큼의 따뜻함과 밝음이 주어지게"(윗글) 되기를 기원하는 마음으로 안타까움을 대신했다.

3.

등단한 지 20년이 되는 중견작가가 이제 성인식을 치르는 심정으로 첫 수필집을 낸다. 그러면서 자신의 글이 수필의 모조품이 되지 않을까 걱정을 한다. 수필은 거짓이 끼어들 수 없는 문학이다. 힘들면 힘든 대로, 슬프면 슬픈 대로 진솔하게 자기의 이야기를 펼쳐 보임으로써 감동을 자아내는 글은 결코 모조품이 될 수 없다.

"태워야 할 열정이 소진되어 버린 나이"(〈구름과 연기〉)에 쓴 수필이기에 그의 글에는 삶의 유현(幽玄)한 맛이 있다. 그리고 우리가 지켜야 할 것이 무엇인가를 체험으로 보여 주고 있다.